©Jun Kumazaki

「岐阜の宝もの」第一号の小坂の滝めぐり。滝を見るだけでなく夏のシャワークライミングなど多様な着地体験プログラムが現地スタッフにより開発されている

©Nahoko Furuta

「岐阜の宝もの」第三号の「東濃地方の地歌舞伎」は積極的に海外プロモーションに参画。これは米国N.Y.でのプロモーションの様子

©Hisashi Inoue

岐阜県内に17宿ある中山道の中でも一番人気の馬籠宿。最近はサイクリングで訪れる外国人も増加

廣田農園（淡路市釜口）の廣田久美さん。カレンデュラの花は一輪一輪すべて違うという

カレンデュラの乾燥風景。手摘みされたカレンデュラはひとつひとつ天日干ししたあと、低温乾燥させる

「太陽と潮風のめぐみ　廣田農園　淡路島カレンデュラ」として、カレンデュラの花や花びらを乾燥させて商品化している。ハーブティやサラダのほか、スイーツ、アロマオイルなどの原料にもなる

堤を彩るカワヅザクラと菜の花

樺細工の茶筒と茶さじ（サクラ類の皮を用いた伝統工芸）

学生と地域の人たちと整備した展望所から望む大阪湾。
摩耶山内では間伐した樹木を利用した彫刻作品がみられる

SITES®とLEED®のダブルプラチナ認定を果たした深大寺ガーデン。株式会社グリーン・ワイズによる設計。過度な除草や手間をあえてかけない草地環境が心地よい

圃場整備が行われていない淡路市石田地区では、美しい棚田景観が残され、また、さまざまな里の生き物が今でもあたりまえのように生息・生育している。しかし、人口減少や高齢化に伴って、その維持管理には課題もある。 中山間の棚田ではどこも同じような課題を抱えている

はじめに

中瀬　勲

わが国における本格的な少子・高齢社会の到来、地域規模での自然環境問題の激化などに伴い、私たちの社会は大幅な変化を迎えています。このことは、景観づくり、地域づくり、それらのマネジメントに関して、新たな試みや展開を必要としていることを意味します。この変革の時期に、兵庫県立淡路景観園芸学校（兵庫県立大学大学院緑環境景観マネジメント研究科）では、緑・景観・地域経営の専門家を育成するための新たな展開として、「世界と交流」「地域と協働」をキーワードとした多様な試みを展開してきました。その一環として２０１８年度は「ランドスケープからの地域経営」と題した連続公開セミナーを実施し、これらの諸セミナーの内容をシリーズとして出版する運びとなりました。

本巻は、その第3号で「地域と実践するＳＤＧｓ」をテーマにしています。ＳＤＧｓ（Sustainable Development Goals）とは、２０１５年９月の国連サミットで採択されたもので、国連加盟１９３カ国が２０１６年から２０３０年の15年間で達成するために掲げた持続可能な開発目標です。これは発展途上国のみならず、世界中いずれの国でも普遍的に取り組むべきものとされています。特に、地域創生や環境負荷の少ない持続可能なまちづくりに関わるものについては、本校とも関連性が高いといえます。さらに最近の日本では、訪日外国人の急増に伴い、観光とＳＤＧｓとの親和性がより強く求められています。

本巻では、ＳＤＧｓを念頭に置きつつ、地域の資源を有効に活用するための手法である「観光」が地域創生や地域活性化に及ぼす影響、また地域資源を守りながら、各地域が経済的にも循環する仕組みをつくることの重要性について概説しています。具体的には、地域資源を見いだし、観光資源として磨き上げ、観光商品として売り出すまでの手法や、地域の魅力に付加価値を付けて食や観光などの新たな需要を生み出そうとしている淡路島内の事例、緑・環境・地域経営の専門家が持続可能な社会にするために考慮すべき自然環境の指標などについて紹介していきます。

兵庫県の井戸敏三知事が掲げる「地域創生」に象徴されるように、各地域の人たちと学校や企業など、さまざまな立場の人たちがつながり、地域を大切に育み、それぞれの地域が自立して持続できることにつながればと思い、本巻を出版することにしました。この冊子が地域創生や地域の持続的な発展につながることを期待します。

ランドスケープからの地域経営 3

地域と実践するSDGs

～持続可能な地域資源の活用～

目　次

日本観光の潮流とSDGs、持続的で責任ある観光への取り組み

本保芳明

●インバウンドの急成長とその背景

２０１８年の訪日外国人旅客数（インバウンド）は、３１１９万人に達した。小泉首相の下で、政府がインバウンド拡大のために「ビジット・ジャパン事業」と呼ばれるプロモーション活動を開始した２００３年の５２１万人の5・99倍になる。この間の世界全体の国際観光客到着数の増加率は、ＵＮＷＴＯ(国連世界観光機関)によれば２・０５倍であったから、日本のインバウンドの成長スピードの大きさが良く分かる。

この日本のインバウンド高度成長の背景を一言で言い切ったのが、２０１３年9月のＪＡＴＡ国際観光フォーラム（現「ツーリズムＥＸＰＯジャパン」）に登壇したＵＮＷＴＯ事務局長タレブ・リファイ氏（当時）である。氏は、「(日本の成功は) やるべき時期に、やるべきことをやったからだ」と述べた。氏のこの言葉を、氏の一連の発言を踏まえて少し敷衍すれば、「世界全体、特にアジアの国際観光の劇的成長という好条件の下で、観光インフラの充実、日本ブランドの国際的浸透、日本への関心の高まりという背景・好機をとらえて、日本政府が適切な手を打った」ということになろう。まさに正鵠を得たものであり、好条件、好機にあったことについては、他でも語られることが多いので、ここでは紙幅を費やさないこととし、政府が決定的な役割を果たしたことについて、専ら述べることにする。

政府がビジット・ジャパンを開始した２００３年以降とそれ以前の政府の取り組みが低調で成果の乏しかった時代とは截然と区別できるので、２００３年を、筆者は「観光立国元年」としている。

観光立国元年以降観光庁が設立される２００８年までは、観光立国への本格的な取り組みの準備段階と位置付け

ることができよう。ビジット・ジャパン事業の開始ともに、政府においては、着々と観光立国推進のための体制整備が進められた。まず、２００７年初には観光立国推進基本法を施行し、これに基づく観光立国推進基本計画を同年6月に閣議決定している。そして２００８年には、行革の逆風厳しい中にもかかわらず、観光庁設立の運びに至った。筆者は、その観光庁の初代の長官を務めたが、「観光庁の設立で政府の観光に対する本気度がよく分かった」との関係者の喜びと期待の声が今も耳に残っている。これで、新たな事業を推進する上で必要とされる組織・体制が整ったことになる。しかし、金・人は伴わず、新生観光庁は強力とは言えなかった。そのこともあり、発足後の観光立国の歩みは順調ではなかった。２００８年9月に始まったリーマンショックで、世界の観光需要は大きく後退し、そして２０１１年3月の東日本大震災で日本観光は再度の大打撃を受けることになった。民主党政権の誕生による観光庁予算の増額という多少の追い風はあったものの、1千万人目標の前で足踏みを続けることになった。こうした状況を一変させたのが２０１２年の第二次安倍政権の誕生である。リファイ氏は、「(観光政策において)重要なのは、政治的な意思と強い決意」であるとも述べているが、第二次安倍政権の観光政策には、まさに強い政治的な意思と決意があった。安倍総理は、政権発足後間もない２０１３年3月、総理を長とする「観光立国推進閣僚会議」を立ち上げ、早くも6月には「観光立国推進に向けたアクション・プログラム」を策定し、次々と強力な施策を打ち出した。その一々を取り上げる紙幅がないので、象徴的な例を紹介するとすれば、ビザの大幅緩和と観光財源としての出国税(「国際観光旅客税」)創設である。国連の観光に関する唯一の専門機関である国連世界観光機関(ＵＮＷＴＯ)は、国際観光の振興の手段としてビザ等の入国規制の緩和の重要性を長年訴えかけているが、「日本のビザ規制を見ると、外国人に来て欲しくないと思っていることがよく分かる」と批判されるほど、日本は厳しい姿勢を維持していた。このため観光当局者として、筆者も中国向けビザの緩和等に努めたが、関係省庁の抵抗により遅々として進まなかった。その状況を一変させたのが、安倍政権の誕生である。２０１３年6月のアクション・

プログラムの決定直後の7月には、タイ、マレーシア等を対象としたビザの大幅緩和を実現した。その後も逐次ビザ緩和を進め、外国人来訪客の大幅増に道筋を付けている。

２０１８年の出国税の創設も、一つの驚異である。新税の創設は、どの時代の政府にとっても極め付きの難事である。それが極めて短期間の議論で実現したという事実に、税の番人である財務省の官僚も大きく驚いている。その税収規模（２０２０）は、５２０億円と、同税の収入を見込まなかった２０１８年の観光庁予算２４８億円の倍以上であり、観光財源としてのインパクトの大きさが分かる。

この二つの例は、安倍政権の強い政治的意思と決意、そして指導力の強さを端的に示すものである。このことにより政府一体となった観光立国への取り組みが可能となり、大きな成果を上げているのである。

こうした実績を踏まえて、政府は、２０１６年に、「明日の日本を支える観光ビジョン」を決定し、訪日外国人旅客数及び外国人旅行消費額をそれぞれ２０２０年に3千万人８兆円、２０３０年に15兆円にとする意欲的な目標を定めている。あわせて、これを実現するための包括的総合的な政策措置を示し、これを政府の観光政策の枠組みとして、政策展開が行われているところである。

●観光立国の取り組みの成果

ここで、観光立国の取り組みの成果を、概観しておきたい。

前述の通り、訪日外国人旅行者数は、２００３年の５２１万人が２０１８年には5・９９倍の３１１９万人となっている。これに伴い、日本の外国人旅行者受入数ランキングは、同期間に世界第32位から第11位に大幅アップしている。外国人観光消費額は、２０１８年に約4・5兆円を記録し、２０１２年の4倍を超えた。これを輸出額ととらえると、観光は、自動車、化学製品に続く第三の輸出産業に躍り出たことになる。世界経済フォーラム（ＷＥ

Ｆ）の発表する旅行・観光競争力ランキングでも、日本は２００９年の25位から２０１７年には4位と急上昇し、２０１８年も同位を維持している。日本の旅行・観光ビジネスの場としての優位性に対する国際評価は大きく高まった。この間、日本の旅行先としての認知度も大幅に向上した。例えば、米の富裕層向けの有力雑誌〝Travel&Leisure〟の世界観光都市ランキングでは、京都市が２０１２年以降トップ10の常連となり、２０１４年及び２０１５年はトップに輝いた。２０１９年には東京もトップ10入りし第7位となった。また、観光の持続的な発展にとって重要なリピーター化も順調に進んだ。まだ初めての旅行者が多い中国人でも41％（２０１８）がリピーターとなった。リピーター化の進展等に伴い、旅行者のいわゆる地方分散も着実に進み、地域が観光立国の恩恵を実感しつつあることは特筆すべきことである。インバウンドが大きな成功を収めたことは明らかである。

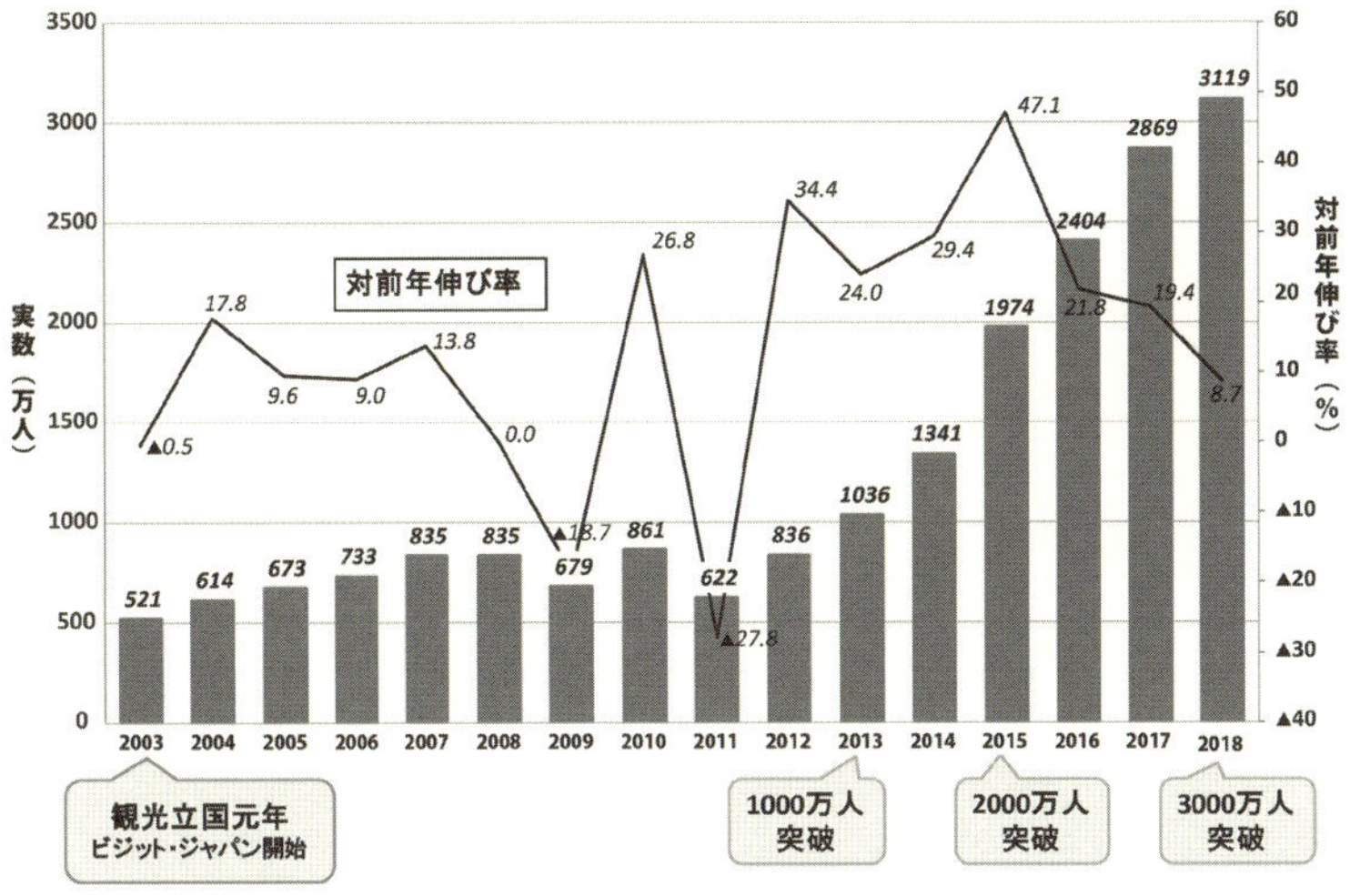

訪日外国人旅行者数の推移

成長ポテンシャルの低下？と新たなステージへの突入

インバウンドの赫々たる成果により、観光はアベノミクスの最大の成功例となっており、観光に対する期待は引き続き高いものがある。しかし２０１８年から、絶好調のインバウンドに潮目の変化が感じられる。同年のインバウンドの伸び率は８・７％に止まり、２０１２以降続いた2桁成長は終止符を打った。２０１９年１〜７

月の伸び率も4・8％に止まっている。この新たな状況についてはさまざまな意見があると思うが、成長ポテンシャルの低下の表れというのが筆者の見方だ。日本のインバンドの急成長は、元々高い観光ポテンシャルがあったところへ、2003年以降初めて本格的なインバウンドへの取り組みを始めたことによるものであり、いわば、手つかずの豊かな漁場に初めて網を打ったようなものなので、当初はドンドン漁獲が上がるが、いずれは成長余力が乏しくなるというのが筆者の持論であり、これが現実のものになりつつあると思っている。この見解の当否は別としても、高度成長が永続しないことは世の理であり、ブームの後の備え、低成長を前提とした取り組みが必要なことは間違いがない。

低成長を前提にした取り組みは、バブル・ムードに訣別し、観光資源を磨き続け、新たな魅力を提供し、適切なアピールをするという王道を歩むことだと思っている。

その中で期待を寄せているのは、海や山などの自然資源の整備と活用である。「新観光立国論」で有名なデービッド・アトキンソン氏が近著で、日本の自然資源には素晴らしいものがあるが、観光という観点からすると整備の立ち遅れが目立ち、魅力に欠ける。このため滞在型の欧米観光客などの需要を捕まえそこなっており、ここに大きな可能性があると指摘している。大賛成である。リゾート法の失敗以来、日本ではリゾートは少なくとも政策的には死語と化し、多くの日本人が背を向けて来た感がある。しかし、外国人のリードでニセコに国際スキー・リゾートが出現し、白馬等各地に波及しており、衰退の一途を辿っていると目されていたスキーも活力を取り戻しつつある。沖縄等では、海洋リゾートも整備されつつある。リゾートの可能性が見直されつつあり、日本の自然の魅力を最大限観光に活用する方向に歩み出したように思われる。しかし、このことに安住してはいられない。活況を呈し多くの富裕層を迎え入れ大成功例とされるニセコにしても、外国の本格的リゾートに比べれば、多くの点で見劣りがすると言われている。外国人任せ、民間任せで政策的対応の遅れが目立ち、このままでは乱開発が進み、衰退した各地の温泉地のように大きな負の遺産が残ることになるのではないかと懸念する。さまざまな規制の存在や民間慣行などが、計画的で持続可能な開発を阻害しているとの指摘があることを勘案すると、政府のイニシアティブは不可欠であり、その下で、ランドスケープの専門家等も参加して、明確な構想と計画性をもった持続可能な観光開発が展開されることを期待したい。

●成長の負の側面への対応：ＳＤＧｓ、オーバーツーリズム

「大きな存在になれば、大きな責任が伴う」。リファイ氏が好んで使う言葉である。ＵＮＷＴＯによれば、観光は世界のＧＤＰの10％を占め、世界で働く人の10人に１人は観光で働く。観光は、まさに大きな存在となり、大きな責任を負わざるを得なくなっている。その自覚の下、ＵＮＷＴＯは、「持続可能で」「責任ある」観光を自らの活動の最重要課題とし、さまざまな活動を展開している。

これらの活動は、国連の定める持続可能な開発目標ＳＤＧｓと呼応している。ＳＤＧｓの中で観光は、大きな期待が寄せられており、17の目標の内、８成長・雇用、12生産・消費及び14海洋資源の３目標の達成に関して、明示的に観光が取り上げられている。しかし、広いすそ野を持つ観光は、17の目標達成の全てに貢献可能であることから、ＵＮＷＴＯは、持続可能で責任ある観光を通じて、ＳＤＧｓの包括的な達成に貢献しようとしている。２０１７年を「持続可能な観光の国際年」とした一連の取り組み等により、こうした考えは広く浸透している。最新のＵＮＷＴＯの調査結果によれば、調査対象となった１０１の加盟国全てにおいて、持続可能な観光が政策目標として掲げられるに至っている。世界の観光の潮流は、持続可能な観光にあることは明らかである。

我が国においても、持続可能な観光の実現に向けた取り組みが進んでいる。２０１９年６月に開催されたＧ20大阪サミットでは、議長国である我が国がリードして、観光を重視した宣言を取りまとめ、その中で持続可能な観光

の重要性を強調している。同年10月のＧ20観光大臣会合（倶知安）においては、各国の観光政策の基軸を持続可能性へと転換することについて議論をする方向にあると聞いている。

また観光庁は、２０１９年6月、「持続可能な観光先進国に向けて」と題する報告書を取りまとめ公表している。観光庁は、報告書の中で「『オーバーツーリズム』(1)が広く発生するには至っていない」としつつも、「訪日外国人旅行者の増加も一因として…混雑やマナー違反などの課題への関心が高まっており」、「全ての自治体が…課題の発生を認識し」、「当該地方自治体の多くがこれらの課題に対する様々な対応策を講じ始めている」との認識を示し、持続可能な観光先進国を実現するため、①混雑やマナー違反対策等に関するモデル事業等の実施、②国際基準に準拠した「持続可能な観光指標」の開発・普及といった措置を講ずるとしている。オーバーツーリズム問題を念頭においた、持続可能な観光への政府による最初の本格的かつ具体的取り組みとして注目される。

観光庁報告書で取り上げたオーバーツーリズム問題は、世界の各地で深刻化しており、持続可能な観光への切迫した脅威の一つして認識されている。こうした中、ＵＮＷＴＯでは、２０１８年9月、『「オーバーツーリズム（観光過剰）」？‐都市観光の予測を超える成長に対する認識と対応』(2)を刊行し、オーバーツーリズム問題を再定義し、対応戦略を提案している。この報告書の最大のポイントは、「オーバーツーリズム問題は、観光客の数の問題ではなく、適切な管理の欠如と無秩序な開発の問題だ」としているところにある。

こうした考えに基づいて、適切な管理と秩序ある開発のための戦略として、訪問客の地域・時間・季節による分散、規制の最適化等11の戦略を提示している。11番目の戦略は、モニタリングである。適切なモニタリングによって、観光地の状況を継続的かつ科学的客観的に把握することなくして、オーバーツーリズム問題への適切な対応が困難なことは明らかである。世界では、地域の実情に応じて、さまざまな形で観光地のモニタリングが実施されており、ＵＮＷＴＯでは、モニタリングに用いる国際的な共通指標として、〝Indicators of Sustainable Development for Tourism Destinations〟を開発・提供している。我が国においても、この指標に基づき、適切なモニタリングが実施されることが望ましいが、地域の状況によっては困難な場合もあり、観光庁が国際基準に準拠した「持続可能な観光指標」の開発・普及するとしていることを大いに歓迎したい。

持続可能な観光に関するモニタリングについては、その実施状況を共有し、レベルアップを図り、政策に反映していくことが望まれる。こうした観点から、上述の指標に基づいてモニタリングを行う主体間の連携・協力を促進するため、ＵＮＷＴＯでは、〝The UNWTO International Network of Sustainable Tourism Observatories (INSTO)〟と称するネットワーク形成を２００４年から進めている。現在、世界には25のObservatoryがあるが、我が国には、一つも存在していない。我が国における持続可能で責任ある観光の推進のためにも、また、国際貢献の観点からも残念なことである。このため、私の属する国連世界観光機関（ＵＮＷＴＯ）駐日事務所では、観光庁における指標開発の動向を見据えつつ、我が国へのＩＮＳＴＯ導入の可能性を探っていくこととしている。

ＳＤＧｓ達成に向けて、持続可能で責任ある観光を推進していくことは、インバウンドが大きく成長し、観光が巨大な存在になる中で、住んでよし訪れてよしの国づくりを進め、日本が希求する観光先進国になるための最重要課題である。しかし、広範で複雑な課題であり、ＵＮＷＴＯが指摘するように観光関係者だけでは対応できない課題である。都市計画を含む総合戦略として、関係者が叡智を出して一体となって取り組んで行くことを期待したい。

【注】

（１）ＵＮＷＴＯ報告(2)に基づきオーバーツーリズムを「観光地やその観光地に暮らす住民の生活の質、及び／或いは訪れる旅行者の体験の質に対して、観光が過度に与えるネガティブな影響」と定義。

（２）原題：「″Overtourism″?-Understanding and Managing Urban Tourism Growth beyond Perceptions, Executive Summary (UNWTO September2019)」。邦訳：国連世界観光機関（ＵＮＷＴＯ）駐日事務所。

地域の魅力を持続可能な観光新産業へ～岐阜県における取り組み～

古田菜穂子

２０２０年の東京オリンピックを目前にして、「観光」という手法や「ＳＤＧｓ」という考え方が地域を見直すキーワードとしてトレンド化している。私自身、過去には映画制作の仕事や、アートによる地域の再発見に携わるなかで、地域自体が本来もっている魅力を掘り起こし、新たに価値をつけていくという行為に重きを置き、さまざまなプロデュースを行ってきた。現在は、岐阜県をはじめ、山形県や、ここ淡路島を含む兵庫県など、各地域の力を観光プロデュースという側面から利活用し、地域の魅力の再発見や、発見した資源を磨き、持続可能な地域資源となることを第一に考えながら各地域と関わっている。

地域資源を生かした「観光資源づくり」とは、その地域を単なる観光地にすることが目的なのではなく、見いだした地域のポテンシャルに光を当てて、それを地域の人々とともに観光資源化し、さらにはそこから新しい産業がつくられ、ＳＤＧｓに挙げられている「働きがいとともにある経済成長」や「人や国の不平等をなくす」「つくる責任、つかう責任の果たし合い」などの実現目標につなげ、持続可能な地域にすることが目的である。

「観光」とは、広域連携型の観光商品をつくっていくことで、一地点だけを

白川郷合掌造り

飛騨高山の古い町並み

訪れるものではなく「地域をつなぐ」ことにもなると考えている。ここでは、今まで取り組んできたことのごく一部になるが、岐阜県で実践してきた事例や成果、観光分野が担うSDGsについてお話ししたい。

●観光客に「岐阜県」を選んでもらうために

岐阜県では、観光、食、ものづくりなど、すべての分野において国内外から選ばれるために、まず、（1）観光基幹産業化に向けた体制の構築、（2）地域資源を観光資源化するためのシステムづくりを実践した。

（1）観光基幹産業化に向けた体制の構築

２００９年、2期目を迎えた岐阜県の古田知事は、岐阜県の観光の基幹産業化を県政のマニフェストとしていた。そこで、県庁内に観光交流推進局が新たにつくられ、知事のヘッドハンティングで、私が民間登用として初代の観光交流推進局長となり、その後、任期満了までの4年間は民間時代の職務をすべて辞して、務めることになった。

２００９年当時は、海外で岐阜県のプロモーションを行っても、ほとんどの方が「岐阜」という言葉すら知らない状況だった。そのような状態から、食、観光、ものづくり、すべてにおいて選ばれる県になるためには、岐阜県自体を

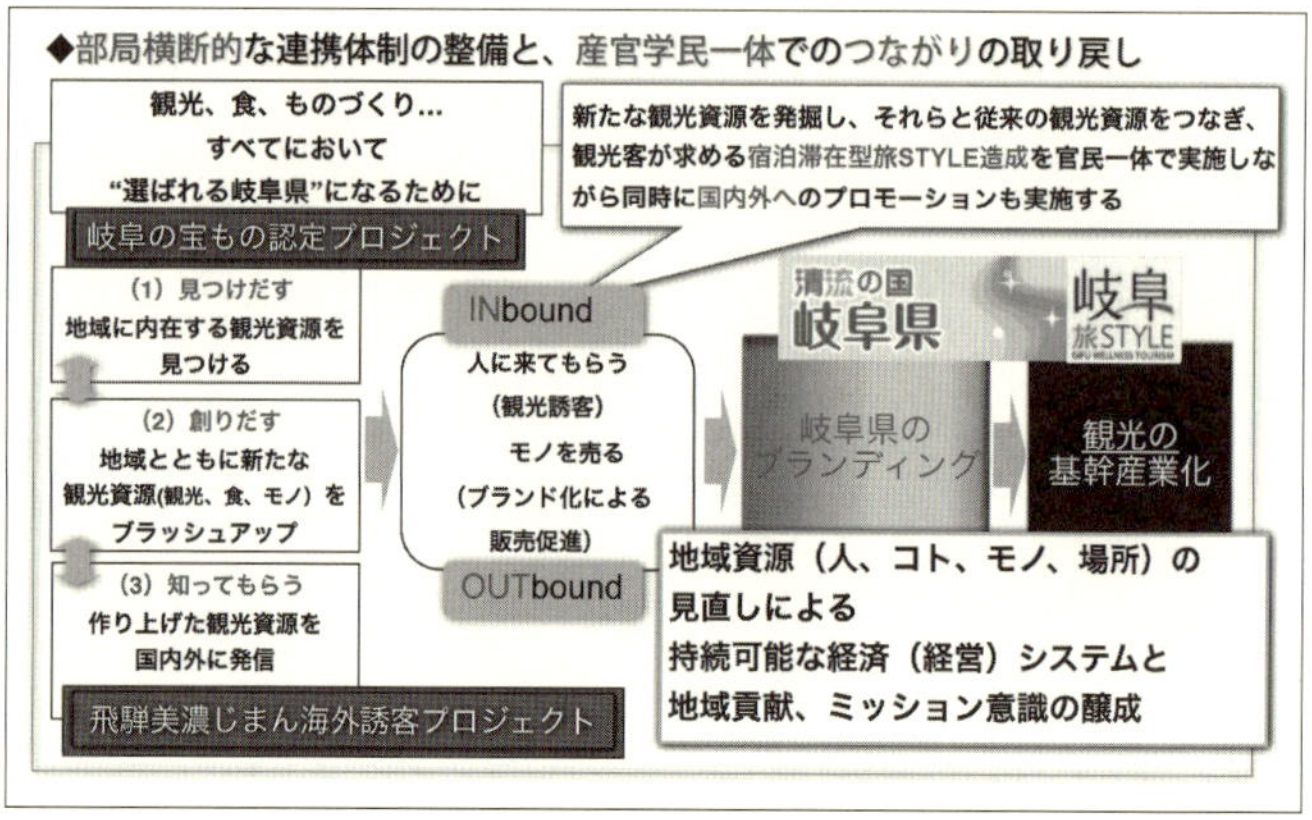

再ブランディングする必要があると考えた。

本来、地域には歴史、文化、人や生き物、スポーツ、交通インフラなど、さまざまな資源が内包されている。岐阜県も同様で、各地域に存在する地域資源を観光資源化し、それを目途に多くの観光客に岐阜県を選んでいただくためには、まず、県庁内の組織体制を見直し、各部局が横断的に連携できるプロデュース体制を新たに構築する必要があった。そして、産官学民が一体となり、今までつながることができなかった人たちとのつながりを取り戻していくという地道な作業からはじめていった。

今までバラバラに活動していた民間企業、NPO、地域団体、教育機関などが、「観光地域産業化」をキーワードに、それぞれのミッションのもとでの、つながりの再構築に努めた。そのなかでは、自己責任で、観光事業に関わる経験を通じ、それぞれに成功体験（実感）の提供と、成功事例としての提示となるように心がけた。その結果、各地域レベルに則した形での、新たな雇用やビジネス、地域づくり（社会貢献）、そしてそこに住む人々自身の充実した生き方などにつながる事業の「可視化」にも努めたつもりだ。

（2）地域資源を観光資源化するためのシステムづくり

国内外から選ばれる岐阜県になるための具体的な施策として、新たに「岐阜

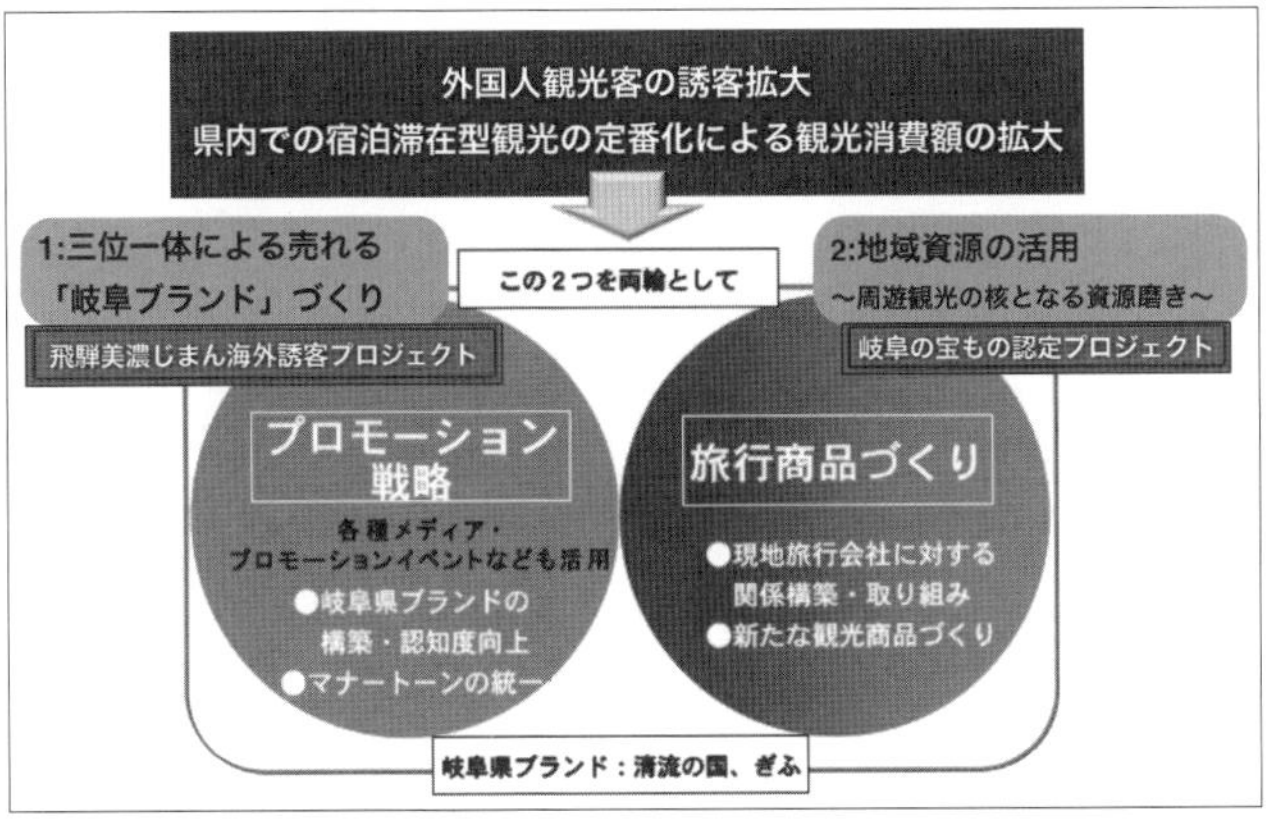

の宝もの認定プロジェクト」「飛騨美濃じまん海外誘客プロジェクト」の２つのシステムを構築し、これらを重点施策として実施した。

そして、岐阜県のインバウンドとアウトバウンドの底上げをするため、この２つの重点施策を同時並行で行った。本来、旅行業界でいうアウトバウンドとは、日本人が海外に行くことを指すが、私は、国内外からの観光客が地域を訪れ、その地域で何かを購入したり、食事をしたり、といった体験が情報として、外に出ていくことだと考えている。これは、購入されたもの自体が外へ出ていく場合もあれば、広報活動により情報発信されるものや、噂として外に流れていくものもある。岐阜県のプロモーションを海外で行う場合は、噂や口コミなどのアウトバウンドによるアウェーの力を最大限活用している。

世界で通用する観光資源の発掘

《岐阜の宝もの認定プロジェクトによる観光資源づくり》

「岐阜の宝もの認定プロジェクト」とは、地域に内在している資源のなかから新たな観光資源を見つけだすプロジェクトである。これは、新たな観光資源をただ見つけだして終わるのではなく、その後も地域の人たちとともに、地域資源を観光資源化するためのブラッシュアップ事業を行い、みなで資源を育て、それらの資源を含む地域が持続することを目的とし、取り組むプロジェクトで

東濃地方の地歌舞伎と芝居小屋

乗鞍山麓五色ヶ原の森

小坂の滝めぐり

ある。

このプロジェクトを通じて、自分たちの地域をもう一度見直してもらうことにより、地域を活性化するための大事な要素を新たに再発見してもらうことができる。このやりとりを通して、自分の住む地域の魅力を信じ、見つめ直し、将来にもつないでいこうという気持ちの大切さに気づいてもらうことも狙いのひとつであった。

岐阜県内にはすでに有名な観光名所がいくつかあるが、このプロジェクトでは、今はまだ観光地ではないが、将来有名な観光地になる可能性を秘めた場所や、人、コト、モノなど、何でもいいので、それらを「みなさんのじまん」として教えてほしい、という形でホームページ上などで広く募集をした。

その結果、県内外から１８１１件もの岐阜県の「じまん」が集まった。応募された全件をすべて精査し、その後、現地視察や、地域の方のプレゼンテーションなどを行ってもらうていねいな審査の仕組みをつくった。そして１８１１件のなかから、今後の観光振興に資するものを「じまんの原石」として56件認定、次点の優秀賞に値する資源を「明日の宝もの」として11件認定、さらに近い将来、国内外で通用する観光資源になると期待されるものを「岐阜の宝もの」とした。「原石」や「明日の宝もの」が各種取り組みの結果、磨かれたら、「宝もの」になることを目指そうというブラッシュアップのための支援システムを構

ひがしみのの山城

中山道ぎふ17宿

天生県立自然公園と三湿原回廊

築した。制度開始から約10年間で、現在、「小坂の滝めぐり」「乗鞍山麓五色ヶ原の森」「東濃地方の地歌舞伎と芝居小屋」「天生県立自然公園と三湿原回廊」「中山道ぎふ17宿」そして最近認定された「ひがしみのの山城」の6つが「岐阜の宝もの」に認定されている。これらは、認定当初は自然資源や歴史・文化資源だったものだが、現在は観光資源としても国内外の方々に訪れていただいている。

《宝ものを認定するために》

「岐阜の宝もの」を認定するための審査会では、地域間のさまざまな配慮や遠慮によるしがらみを排除して公平な審査をするためと、審査員自身に将来、この資源の応援団になっていただくことを考えて、相応の外部の人たちに参入してもらった。たとえば、東京で活躍している女性誌の編集長や、著名なアウトドアメーカーの社長、旅行関係者などを審査員とした。

「岐阜の宝もの」に認定されると、その後「宝もの」を観光資源にするための効果的な事業支援を行政が3年間100%補助できるシステムとした。「明日の宝もの」には70%の補助、「じまんの原石」には50%の補助という仕組みで、選びっぱなしではなく、選んだ以上は、地域とともにしっかりと「観光資源化」を目指す、ということだ。だからこそ、応募のなかから、観光資源として可能性があるものを厳選し、立ち上げ期は行政として地域に投資をし、補助期間終了後は、行政の支援がなくても地域で自立、持続できるようになることを目指した。そのために公平な審査と認定のためのルールを決めたが、まず何よりも大事にしたのは応募をした地域の方が自らプレゼンテーションをすること。それにより地域のやる気、本気度を把握することができる。その際には地域の自治体職員のやる気も含めてヒアリングを行い、宝ものに認定されたあとも各地域で観光産業を続けられる基盤があるかを判断するようにした。

《既存の観光資源と「岐阜の宝もの」を線で結び、面にする》

6つ目の「岐阜の宝もの」に認定された「ひがしみのの山城」は、もともと各地に散らばっていた自然・歴史資源だったものを観光資源として発展させた事例である。この事例の特徴は、山城が中津川市、可児市、恵那市の3市をまたいでいるため、この3市とが連携ができたことで、宝ものとして認定したことだ。

また、現在、「岐阜の宝もの」に認定されている「中山道ぎふ17宿」は、当初、一部の宿場だけが「原石」に選ばれていた。県内を通る中山道には17宿場があるのだが、それらすべての宿場がやる気になり、連携が取れるならば「岐阜の宝もの」として認定するという条件を提示し、他地域とつながるきっかけとなるよう、「ぎふがつながる～中山道ぎふ17宿歩き旅」というイベントをしかけた。その後、イベントを通じて3年程をかけ、各宿場とが連携を取るようになり、「原石」から「岐阜の宝もの」に昇格することができた。

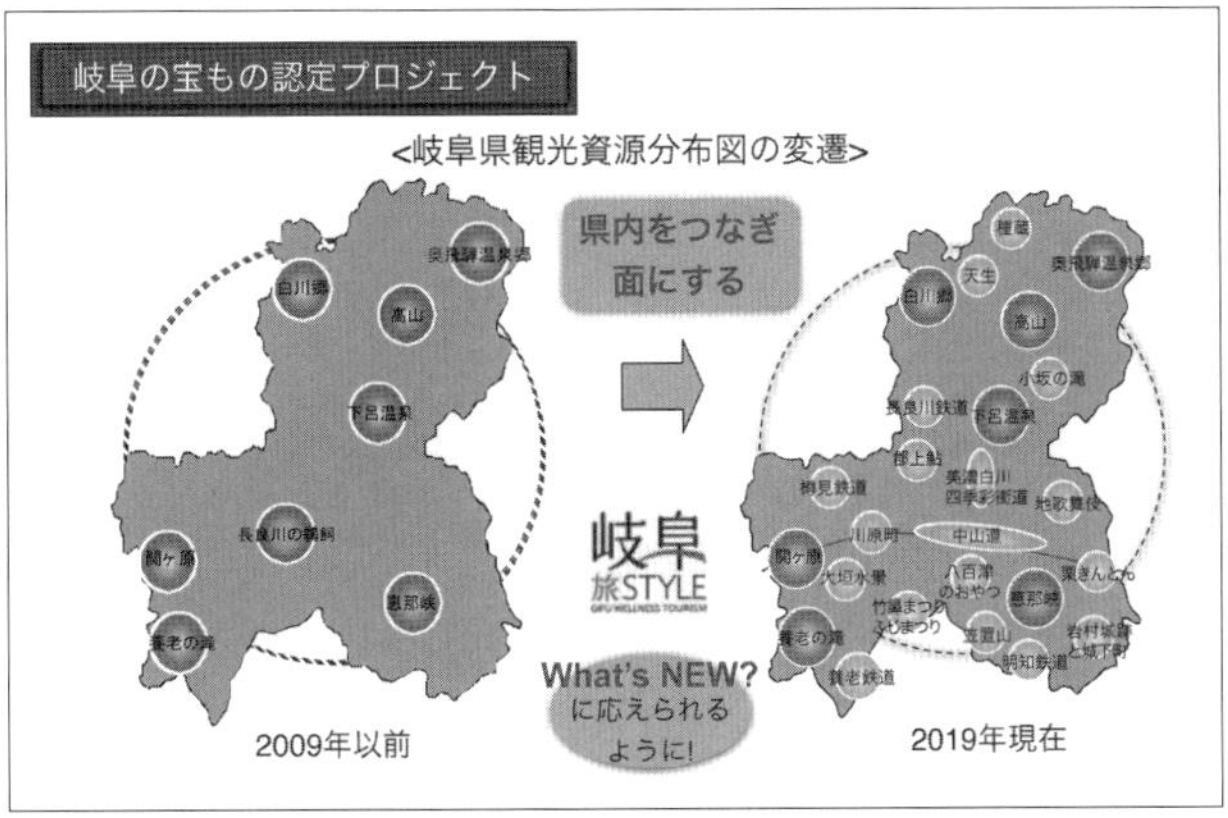

このように「岐阜の宝もの」として認定した資源に税金を投与してブラッシュアップすることで、新たな観光資源をつくりだすことができた。これらの新しい観光資源と、今までは点としてのみ存在していた岐阜県内にある有名な観光地（白川郷、高山、下呂温泉、長良川の鵜飼、関ヶ原、養老の滝、恵那峡など）とをつなぐことにより、点として存在している観光地のみを巡る旅行スタイルから、点から線、そして面全体で楽しめる岐阜県となるよう、観光資源づくりを行っていった。このように着地型での観光資源が増えれば、おのずと滞在時間が増え、目標としていた滞在型観光地としての姿が現実味を帯びてくるわけである。

現在、日本は、海外からも、観光してみたい国として注目されている。このチャンスを逃さず、各地域にお金が落ちるようにするためには、1分でも1秒でも長く、その地域に滞在してもらう必要がある。従来の観光資源だけでなく地域に潜んでいる魅力をつなげ、まとめていくことで、地域ならではの宿泊滞在型の新たな旅スタイルをつくることが可能となる。さらに重要なことは、旅のスタイルをつくりながら、来訪してほしい国内外の方々にむけて直接、効果的なプロモーションを行っていくことである。

1 岐阜の宝もの第1号：小坂の滝めぐり
自然資源を観光資源へ
・自然資源のハード、ソフトインフラを地域とともに充実、整備
・地域に還元できる「国内外向け観光資源化＝観光商品化」の実現
ガイド養成講座の実施
体験メニューの多様化
新たなターゲット層の開拓
地域の体験学習
小坂の滝めぐり
（下呂市小坂町）
(C)furuta nahoko

●「岐阜の宝もの」第一号　小坂の滝めぐり（下呂市小坂町）の事例

「岐阜の宝もの」の第一号に選ばれた下呂市小坂町の「小坂の滝めぐり」は、もともと自然資源であり、宝ものに選ばれるまで、写真愛好家と自然愛好家の間では有名な場所だったようだが、一般的にはほとんど知られていなかった。私も調査ではじめてこの場所を訪れたとき、下呂温泉から車で30分ほどの便利な場所なのに、その先になんと大小２００以上もの滝があって驚いた。また、来訪者が滝に近づけるよう、地域の方々が階段をボランティアで整備するなど、本当に素晴らしい場所で、ここは今後、国内外に通用する観光資源になると確信した。そこでまず、これらを観光資源とするために、周辺のハード整備に加え、プロフェッショナルのガイド養成にも取り組んだ。２００もの滝があるということは、２００以上の観光体験ルートをつくることも可能である。海外からの観光客対応のためにも、当初から英語ができる若者のガイドも養成したいと思っていた。それまでの小坂は年配の男性が多く訪れる場所であり、ボランティアガイドをつとめる地域の方々も高齢化している状況のなか、地域が持続していくためには若い人の力が不可欠であると考えていたからだ。

《新たなターゲット層の開拓》

　また、あんなに素晴らしい小坂の滝めぐりなのに、当時、地元の子どもたちにほとんど知られていなかったため、教育委員会と連携して、子どもたちの体

小坂で<森とのつながりを感じる旅> 御嶽山に薪を運ぼう！

10人で52本の薪を
御嶽飛騨頂上にある五の池小屋へ運搬
運んだ薪で火入れ
山小屋からのおもてなし
異日常で、自然の営みを肌で感じる時間

験学習の場として利用することをお願いした。観光客だけではなく、地域の人たちがこの地域を知っていくために必要なプログラムも同時に仕込んでいくことで、地域への愛着を醸成した。

そのほか、新たな客層の拡大策として、東京や名古屋などから参加者を募った女性限定ツアーも企画した。滝の近くでヨガ体験ができる場所を新たに見つけたり、地域のお母さんたちによる郷土料理教室の開催や、かつて子どもたちに見せていた紙芝居のお披露目など、各種体験プログラムの観光商品化も実現した。自分たちでは当たり前に思っていた景色や食、体験が、旅で初めて訪れる人たちにとっては特別な体験となることを成功体験として地域の人々に実感していただくことが重要だ。それらは実際に、来訪者の笑顔や喜びの声などの反応を通じて、地域の方々もまた、自分たち自身や自分の地域についての新たな価値に気づき、愛情が持てるようになっていったのだ。

また、今までつながっていなかったもの同士をつなぐ、というツアーも行った。たとえば、小坂の滝とその上部にある御嶽山とのつながりは、地域の人々にとっては当たり前すぎて、そのふたつをつなぐツアーなどは、まったく行われていなかったが、御嶽山の山小屋の管理者と話をするなかで、山小屋まで薪を運ぶことが大変だという話題があがった。それならば、薪を運ぶツアーをしてはどうかという話になり、都会の女の子たちと一緒に薪を運び、その薪で火

小坂な冬の滝めぐり～神秘的な氷瀑の荘厳さを楽しめるスペシャルツアー
https://www.osaka-taki.com
©Jun Kumazaki

を焚いてピザを焼き、山小屋で一泊するツアーを行った。これが大変評判となり、双方から喜んでいただけた。

《四季折々の魅力を伝えるために》

もうひとつの取り組みとして、雪の時期の観光にも力を入れた。観光地として持続していくためには、四季折々の魅力をつくる必要がある。小坂の滝では冬に滝が凍ってしまうため立ち入りを禁止していた。でも「冬こそ!」の観光資源を開発するために、地域の方々と模索するなかで、凍った滝の魅力や、実現可能な冬季観光ルートの開発、かんじきさえあればもっと楽しめるなどといった意見がでてきた。実際にこの意見をもとに、観光客が地域の方々と一緒にかんじきをつくり、それを履いて凍った滝を見にいくというツアーを企画した。これらは現在も続く冬季限定の評判の観光商品となっている。

《小坂をPRするもの》

観光地には、地元に直接お金が落ちるお土産開発も必要だ。もともと小坂の滝で販売していたものなどを調査したところ、水がきれいな場所であるため、養殖イワナの燻製を商品として販売していた。この燻製はとてもおいしいのだが、パックに入れてあるだけの外包で、燻製された魚が黒々しくみえて、特に女性客にとっては手に取りにくいものだった。そのため、コンペを実施してパッケージを作り直し、新しい食べ方を考えるなどの新商品の開発を行った。実際

に商品となったものは、小坂のお土産になったことはもちろん、県の認定商品ともされ、東京の有名デパートでも販売できるシステムもつくった。そうすることにより東京でも小坂の滝めぐりの観光情報とともに商品をPRできるようにもなった。

このような取り組みを続けているうちに、小坂の滝の近くにある温泉宿の女将さんたちからも小坂の滝と温泉宿のつながりをもちたいという要望がでてきた。彼女たちは自分たちで新しく商品開発も行い、さまざまなイベントも自主的に企画し始めた。

また、小坂の滝のホームページも若者にもアピールできるタイプのものに新たに作り直したが、そのホームページの一部には、過去、長く小坂の滝を守ってきたNPOのみなさんのブログもコーナーとして残し、そこで彼らが日々、撮影した小坂の滝の写真や情報を掲載するなど、いきなりすべてを変えるのではなく、地元への尊重を忘れず、新たなことにトライするという姿勢をもつことも大切だと考えている。

《持続可能な地域にしていくことは各地域の幸福について考えること》

小坂の滝を観光資源化するための取り組みを始めてから、観光客数は以前に比べ、2・5倍から3倍近くに増え、そんなに多くはないけれども地域やガイドたちにも観光収入が徐々に入るようになってきた。若いガイドの一人は、県

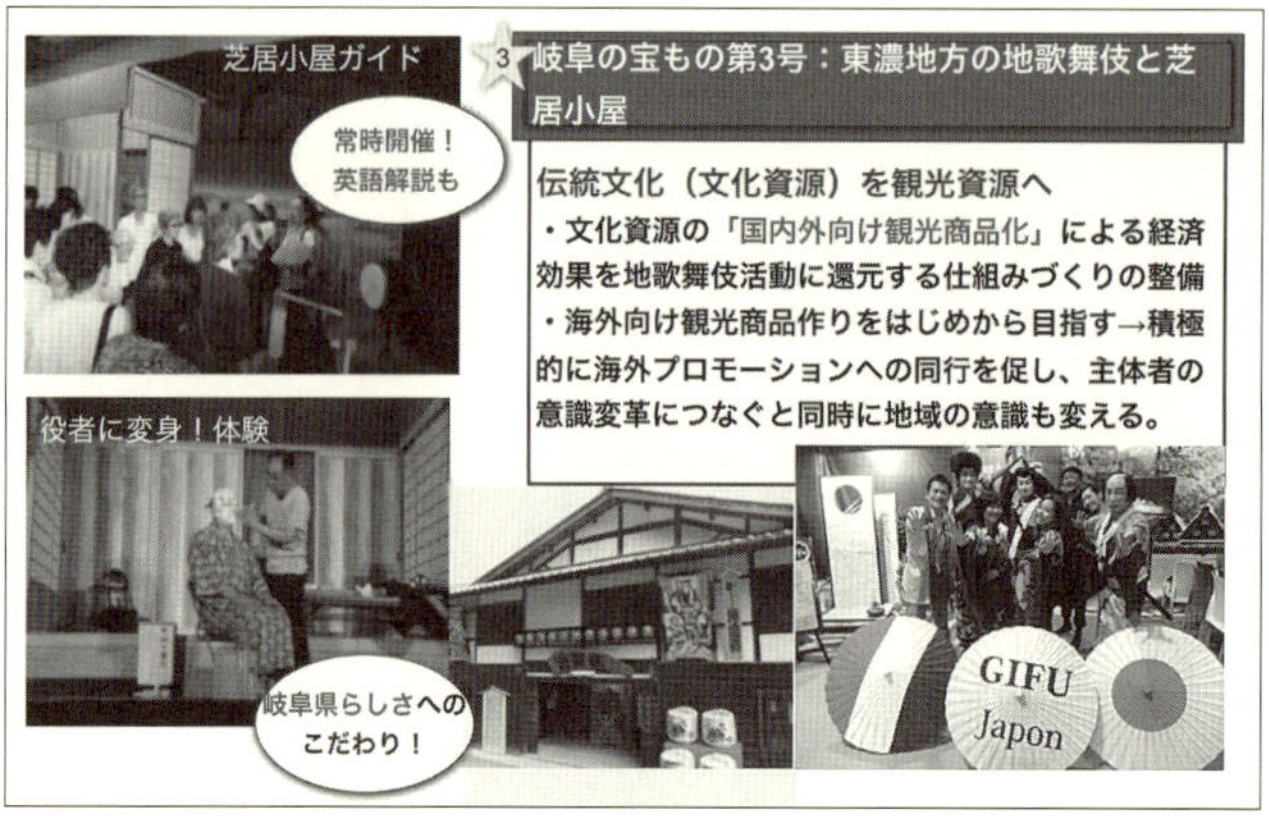
芝居小屋ガイド
常時開催！
英語解説も
3 岐阜の宝もの第3号：東濃地方の地歌舞伎と芝居小屋
伝統文化（文化資源）を観光資源へ
・文化資源の「国内外向け観光商品化」による経済効果を地歌舞伎活動に還元する仕組みづくりの整備
・海外向け観光商品作りをはじめから目指す→積極的に海外プロモーションへの同行を促し、主体者の意識変革につなぐと同時に地域の意識も変える。
役者に変身！体験
岐阜県らしさへのこだわり！
GIFU
Japon

の補助が切れる3年ほど経ったあとにも小坂に残り、結婚して子どもも生まれ、小学校の廃校を食い止めるという役目も果たした。

人それぞれ、都会と地域、各地域で幸せの尺度は違う場合もあり、それぞれの地域ごとの幸福度、喜びがどこにあるのかを知ることが重要である。たとえば小坂の人の場合は、多く儲かることよりも、小学校が廃校にならないことのほうがうれしいのだ。または、今まであまり売り上げが伸びなかった燻製のイワナが、美味しいと評価され、東京で売れることが喜びにつながることもある。観光資源化を通じて、地域の姿を守り、その資源を尊重しながら利活用することが、地域の活性化のみならず、人々の生きる喜びにもなるということを信じて今も続けている。

東濃地方の地歌舞伎と芝居小屋の事例

岐阜県は、現存する地歌舞伎保存会と芝居小屋の数が日本一である。現存している地歌舞伎の芝居小屋は、行政も支援をしながら、民間の人たちによって維持されているが、それは観光資源としての視点ではなく、伝統文化（文化資源）を守るという想いで続けられているものであった。今までは、年1回程度芝居小屋で地歌舞伎の公演を行っていたが、これを観光に利活用しようという観点はなかった。だが、宝ものに認定されてからは、国内外向けの観光商品として

アルザス・コルマールの旅行博会場にて

も売りだそうと、さまざまな形での地歌舞伎プロモーションを実践してきた。

なかでも、注力したのが海外プロモーションだ。上海万博に参加したり、タイ、シンガポール、そして欧米諸国などの海外のトップセールス時には、かなりの頻度で参加していただき、観光資源としての可能性を地域の人々に肌で感じ取っていただけるようつとめていった。

フランスのアルザス・コルマールで開催された観光博でプロモーションをした際は、地歌舞伎の衣装を現地の方々に羽織ってもらい、実際に地歌舞伎の型を体験してもらった。さらにこのときに「岐阜！」と叫んでもらう。そうするとわからないながらも「岐阜」という言葉を覚えてくれる。このときの様子は、フランスの新聞で大々的に取り上げられ、地歌舞伎の保存に取り組んでこられた地域の方々は、今までは、自分たちの喜びのために行ってきた地歌舞伎が、世界に通用すること、そしてそれが地域を持続させるための社会貢献にもつながるということを認識でき、主体者としての意識変革にもつながっていった。

現在の地歌舞伎をめぐる取り組みは、県の補助事業が終わったのちは、「岐阜地歌舞伎プロジェクト」という民間の方々による自主的な組織が運営するかたちとなった。そこでは、観光商品や、地歌舞伎小屋を訪ねるツアーなどの受け入れを行っており、文化資源が国内外向けの観光商品として経済効果を生みだし、地域の若者の参加にもつながり、さまざまな地歌舞伎活動に還元される仕組みづくりができている。

中山道ぎふ17宿の事例

中山道17宿も地歌舞伎と同様、もともとは歴史・文化資源としてあったものだった。全宿場でそこでしか体験できない食事や、着物が着られる体験、地域の方々による手作りのお寿司の振る舞いなどが楽しめるようになるまでには3年ほどの月日が必要だった。

始めたころは、地域の方々、特に高齢者から「なぜいまさらそんなことをしなければならないのか」と非難の声も寄せられたが、この取り組みが、地域を守り、最終的には未来につながることであるとの想いを必死で伝えた。もともとこれらの宿場を支えているのは高齢者が中心であり、ここをブラッシュアップするため、全宿場の魅力再発見事業に、実行部隊として若者に入ってもらうこととした。そして17宿場すべてをていねいに地元の人と一緒に歩き、その魅力の編集作業に入ってもらったのだ。

このようなことを続けているうちに、徐々にではあるが各宿場の方々が、若者たちの熱意にこたえてくださるようになり、さらには、ほかの宿場の様子を気にするようになり、ちょっとした競争意識も芽生えて、結果、お互いに交流するようにもなっていった。今では、秋の約2カ月間にわたり、県内の中山道

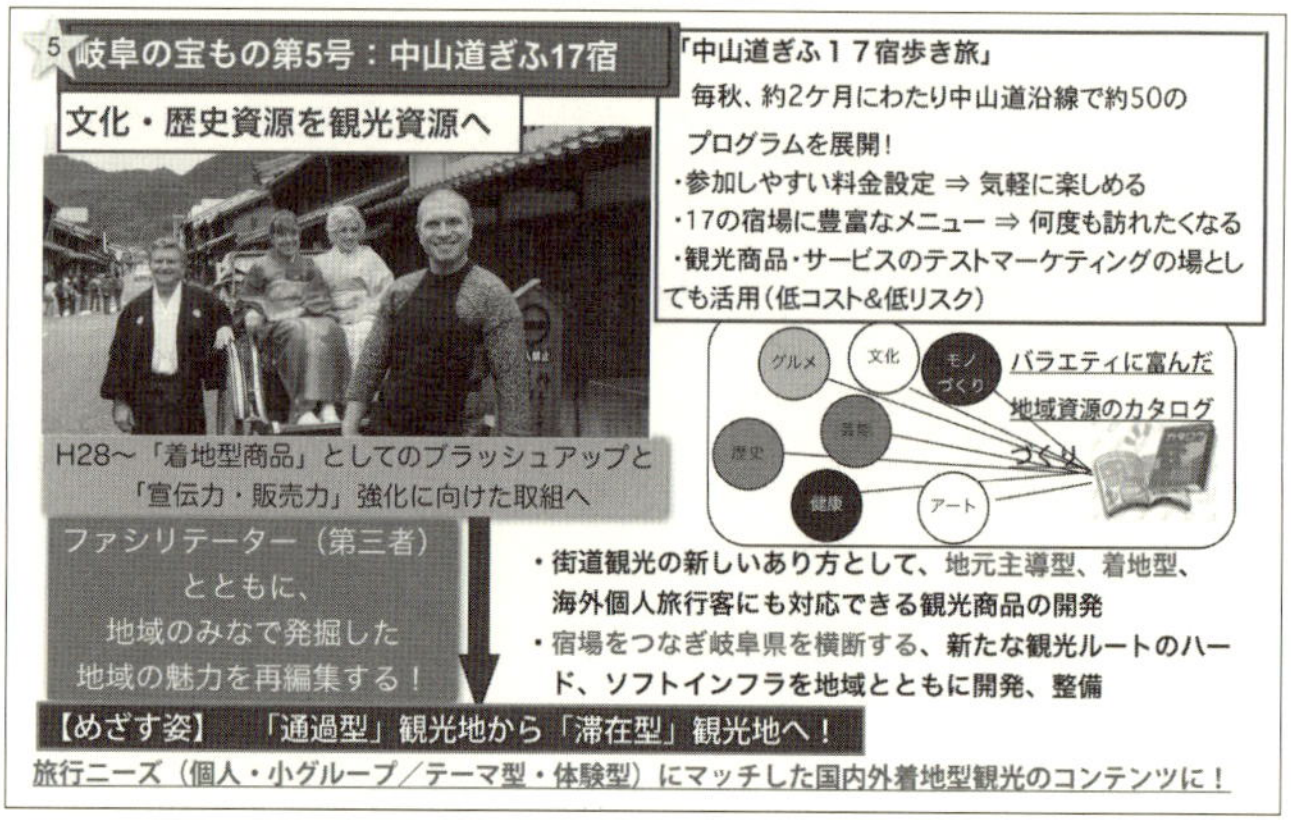

あらたな観光商品としての中山道をめぐるサイクルツーリズム：馬籠宿にて
©Hisashi Inoue

沿線で約50から１００の地元主導型の着地プログラムを、自主的に行う「中山道ぎふ17宿歩き旅」というイベントを毎年実施できるようになった。その期間限りのイベントもあるが、その後の着地型の定番観光商品となったプログラムなど、各宿場間に多少のばらつきはあるものの、すべての宿場で行われているというのはとても画期的だと思っている。

現在、特に海外から観光に来られた方に対して、いつでも体験できる観光商品の提供体制を目指している。中山道は海外からの来訪者にとても人気で、散策だけでなく、自転車でのツーリズムなどで中山道を体験してもらっている。特にスペインからは、全国4位の宿泊者数となるほど、この地に足を運んでくれている。なかでも、中山道馬籠宿では、古い町並みで地歌舞伎体験ができる外国人向けの体験プログラムも開始し、現在人気商品となっている。これは、単なる娯楽という意味だけでなく、なぜこの地歌舞伎がここにあるのかという伝統文化についても必ず伝えるようにしている。

滞在型旅行スタイルの実証の場となる海外プロモーション

「飛騨美濃じまん海外誘客プロジェクト」

岐阜県のもうひとつの観光戦略として、インバウンド、海外からの観光客誘致に向けた取り組みを強化してきた。

そこでは「清流の国　岐阜」をキャッチフレーズとした「清流」をブランディングテーマに掲げ、海外でプロモーションを行う際には、このテーマを根幹において「観光（海外からの観光誘客）、食（飛騨牛、富有柿、イチゴ、鮎、地酒、天然水などの農林水産物）、モノ（陶磁器、和紙、刃物、木工、加工食品などの地場産物）」の三位一体で売れる「岐阜ブランド」づくりを官民連携で実践してきた。ここまでの一体的なブランディング戦略によるプロモーションを海外で行ったのは、岐阜県が先陣県であると胸を張っていえると思う。国の政策よりも早かったと自負している。

そして、海外プロモーションでは、まず、ターゲットとなる国を決める。そしてその地域のトップリーダーと交流を行い、岐阜に招待し、岐阜の良さを実際に体験してもらうなど、「だれが」「どの国（地域）で」「何を」「どのように」マーケティングするかを戦略的に考案しながらプロモーションを実践していった。

トップリーダーは政治家や行政のリーダーに限らず、マスコミの力が強い国であれば、その国で一番良い女性誌の編集長とか、文化的な力がとても強い国であれば、有名な文化人などとフェイス・トゥ・フェイスの交流を行った。

また、このような海外誘客プロジェクトは、自分たちで考案した宿泊滞在型の旅行スタイルに対してニーズがあるかどうかを検証する場としても有効であ

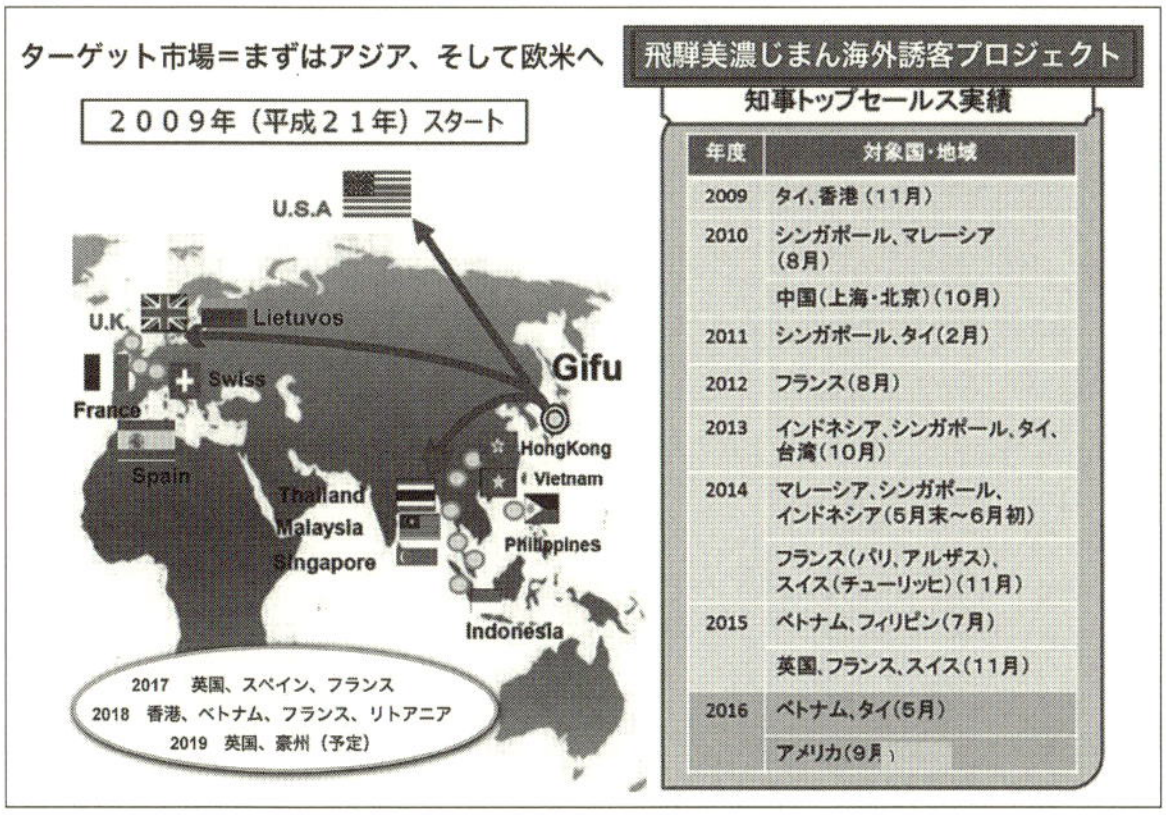

る。自分たちが良いと思って売り出そうとしているプログラムが、国や宗教によっては受け入れられる層が異なる場合もあるためである。

「観光・食・モノ」が三位一体となったプロモーション

岐阜県内の観光資源を地域の方々とつくりながら、集中と選択で、まずは身近なアジアから海外プロモーションを展開していった。

「観光・食・モノ」が三位一体となり、民間の方も一緒になってプロモーションを行う場合、民間の方には自費でプロモーションに行っていただくことになるため、日本から近いほうが協働しやすくなる。そしてその後、成果が上がってきたときに欧州を目指すという目標ができる。そして、一度訪れた国には３年間通うというルールを設け、各国でプロモーションを継続した。

相手とのフェイス・トゥ・フェイスの関係性を築くためには継続して来訪することが重要である。日本の行政職員は数年で異動してしまうため、各国のキーパーソン等と関係性を継続するためには、できるだけ同じ人材が続けてプロモーションを行うことが大切である。

その後、アジアでの成功モデルをバネに、２０１４年から欧州へのプロモーションを実施し、現在も継続しているところだ。「観光・食・モノ」による三位一体のプロモーションは、対象となる国によって内容を変える必要があるた

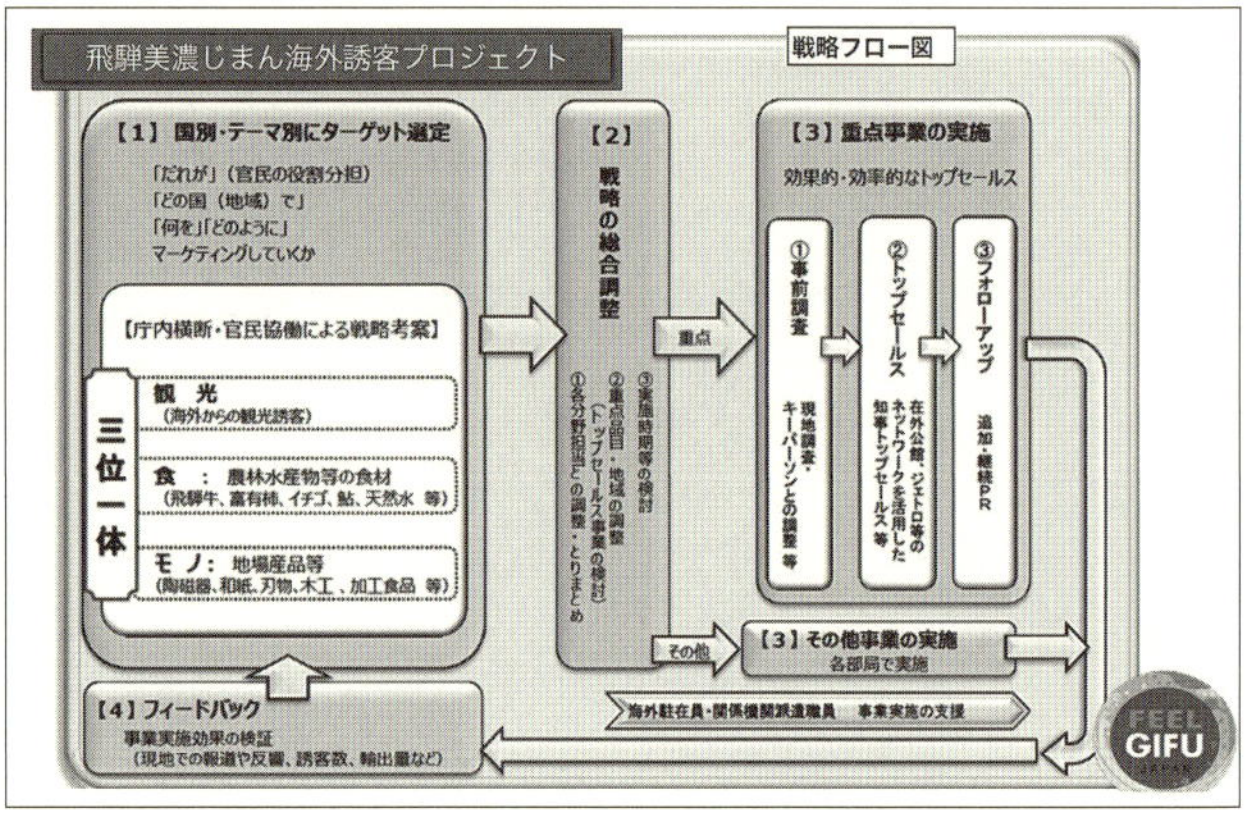

め、どのようなマーケティング手法とする必要があるかについて事前にリサーチし、方針を戦略的に出していかなければならない。

その際に大切にしていることは、知事がトップセールスに行く前に、我々スタッフが現地調査を丁寧に行うことである。事前に何度も海外に行き、現地の方たちと調整して、トップセールス本番につないで、フォローアップを行う。そしてこれを繰り返す。観光商品の場合は、対象国で開催されている観光展にも出展を続け、トップセールスの日に、現地の旅行会社の人たちが売ってくれて、なおかつ必ず売れる観光商品をつくっていかなければならない。

そして、「観光・食・モノ」の三位一体という意味では、現地国で影響力のあるショップに、岐阜のモノを取り扱ってもらい、トップセールスの日までに売れるようにしておく技が必要になる。日本酒や飛騨牛などを取り扱ってくれるレストランや販売してくれる店舗との関係性の構築も、同様だ。

そこで、こういった地元で影響力のある店舗のオーナーやレストランのシェフなどに対し、岐阜県に事前に招聘できるプログラムを構築した。飛騨牛や日本酒などを取り扱ってくれる方々には、実際に岐阜県で旅をしてもらい「観光・食・モノ」をすべて体験することで、岐阜県のファンになっていただき、好きになっていただく。好きだからこそ、彼らが積極的に岐阜について語り、いかに岐阜のモノを販売したいと思っていただけるようにできるかが重要だ。

海外でモノを売る場合、日本での販売価格の2・5～3倍程度になる。それだけ高価な商品になってしまうので、岐阜を体験することで、その値段の理由をお客様に対して正確に伝えてもらうことができるのだ。

《現地の人が岐阜で体験したことを直接話してもらう》

アジアでは、個人の旅行客も増えてきてはいるが、まだまだ旅行博の会場に一般のお客様が旅行商品を買いにくる傾向が高い。シンガポールの旅行博に毎年継続出展していた頃は、「最近、岐阜ってよく聞くけどもっと詳しい情報を教えて」などと、一般の方が岐阜県ブースに来てくださる。

そこで彼らが実際に来訪したい場所をヒアリングし、その旅行商品を造成してくれている旅行会社を案内するという流れになるのだが、あるとき、実際に岐阜県を体験してくれたシンガポーリアンの女性が私たちのブースに来て、私に代わり、岐阜の説明をしてくれたことがある。実際に岐阜を体験したことのある彼女が話す言葉には、現地のみなさんにとって、とても説得力があった。私たちが売りたい観光商品をつくるだけではなく、現地の人に「いい」といってもらえる観光商品をつくることがとても大事であり、そういった人を現地にどんどんつくっていくことが、プロモーションの大事な鍵であると改めて実感した瞬間だった。

《欧州へのプロモーション》

取組みの成果＜県内外国人延べ宿泊者数＞
■岐阜県・外国人宿泊者数の推移 2018年　確定値
153,330人（2009年）→1,484,320人（2018年）
*10年間で約10倍増
岐阜県対前年伸び率
52.2%（全国1位）
*全国対前年伸び率：18.3%
全国順位　13位
*全国外国人延べ宿泊者数
94,275,240人
FEEL GIFU
■県内国別外国人宿泊者数 2018年
1位　中国　404,930 (伸び率+149.49%)
2位　台湾　175,030
3位　香港　110,160
4位　タイ　68,350 (全国8位)
5位　韓国　48,940
6位　オーストラリア　35,870 (全国9位)
7位　アメリカ　35,320
8位　スペイン　27,770 (全国4位)
9位　イギリス　25,100 (全国8位)
10位　シンガポール　24,670
11位　マレーシア　24,260 (全国9位)
12位　フランス　22,270 (全国8位)
13位　インドネシア　18,780
14位　イタリア　14,000 (全国8位)
15位　ドイツ　13,490 (全国9位)
16位　カナダ　7,500
17位　ベトナム　3,520
18位　フィリピン　2,910
19位　インド　1,600
20位　ロシア　660
(C)furuta nahoko
出展：　国土交通省観光庁　2019宿泊統計確定値

出典：国土交通省観光庁

岐阜県への外国人宿泊者数は、２０１９年の観光庁調べによると全国順位が13位、２０１８年度の伸び率は52・２％で全国１位となった。私がプロモーションの仕事をはじめた２００９年から約10倍増の伸び率となっている。また岐阜県の特徴は、欧州からの観光客数が地方の中でも、抜きん出て多いということだ。港も空港のない岐阜県になぜこんなにも欧州から人がきているのか。

それは、ひとえに、岐阜県が欧州へのプロモーションに力を入れている結果であるが、その理由は、欧州には、観光のみならず岐阜のものづくりを売ったり、買ったりしていただける店舗や人が潜在的にいるであろうということを戦略的に考えているからである。

同時に、ミラノサローネなどのデザイン博やパリのメゾン・エ・オブジェなどの国際見本市にも積極的に出展してきた。その際は、海外のデザイナーとも協働し、岐阜のものづくりの心を伝えることに努めている。

海外で日本や岐阜を伝えるときには、その「モノ」の背景にある「物語」を伝えることが必要であり、そして、それが伝わるデザインとし、まずは手に取ってもらえるようにすることが大切である。

地域資源を持続可能な新産業へ

観光とは、日本の地域を変え、人種・思想・生活習慣の違いを超え、世界への「理解」と「寛容」の精神を育み、世界を動かす可能性のある文化度の高い平和志向の新産業である。

日本の地方には、豊かな自然環境、伝統文化、食、伝統工芸などが、まだ残っている。だからこそ、それらの資源を失う前に、その存在意義を見直し、世界に発信し、アクティブに楽しんでいただくことは、最初に述べた国連やＵＮＷＴＯが定めているＳＤＧｓの中の３つの主要テーマ、「学ぶ」「共有する」「行動する」とも重ねられる。

地域の持続可能な経済発展のためには、地域に内在する資源の観光活用は、とても有効な手段となる。国内外からの多様な人々を迎え、地域やそこに住む人々、そして脈々とつながる歴史や文化に光をあてる「本物の観光事業」に、これからも未来の夢を描き続けていきたい。

淡路島と本州を結ぶ、明石海峡大橋と定期船ジェノバライン

column

キンセンカから「淡路島カレンデュラ」へ

堺野菜穂子

淡路島は海と山が近い。海は穏やかな内海で陸へと潮風を運び、山は浅く農作地へと切り開かれ、空は広く明るい。

このことは、淡路島の農産物の稼ぎ頭であるタマネギや、柑橘類の味にも影響を与えていると聞いたことがあるし、実際に島であることや潮風を浴びていることをうたった商品も登場している。

そのなかのひとつに、潮風を浴びて育つ「花」がある。観賞用の切り花として広く流通しているキンセンカだ。そのキンセンカを、農薬を使わずに栽培することで「ここでしか手に入らないもの」へと価値そのものを変化させ、食や観光という新たな需要を生み出した取り組みを紹介する。

橋が架かる以前に見えた景色

1998年に淡路島と本州（神戸市垂水区）をつなぐ明石海峡大橋が開通し、島は本州と地続きになった。現在、年間を通じて運行している海上交通は淡路市岩屋と明石を結ぶジェノバラインのみであるが、橋が開通する以前は、兵庫・大阪方面へ島内の各港から航路があった。地元のお年寄りからは、浅瀬で大型の定期船が停泊できない港では、小さな船で沖合に停泊している定期船に横付けし、海上で船から船に乗り換えたという、想像するだけで冷や汗のでる話を聞くことができる。

橋が架かってからの淡路島しか知らない私だが、橋が架かる以前から淡路島に住む友人から聞いた話が印象に残っている。友人は「大阪からの帰りの船に乗って淡路島が近づいてくると、キンセンカの花畑が見えて、あぁ島に帰ってきた、と思った」と話してくれた。私の頭のなかには、空と海の青、陸には緑とオレンジ色の花の絨毯が、春の太陽を浴びてキラキラと光っている景色が浮かぶ。島にわずかに残るキンセンカ畑でも美しいと感じていた私にとって、船上からでもはっきりと認識できるほどの圧倒的な花畑の景色は夢のようである。

そんなことがあり、私は実際には見たことがない、海に浮かぶ島を染める鮮やかなキンセンカ畑の景色を、何か大切な島の宝物のように感じてきた。

淡路島のキンセンカ栽培と現状

キンセンカ（金盞花）は和名で、キク科カレンデュラ属に分類される。地中海沿岸地域を中心に20種類ほどの原種があり、欧米ではカレンデュラやポット・マリーゴールドの名で呼ばれている。ちなみに、一般的に出回っているマリーゴールドはキンセンカとは別の属に分類される。日本では観賞用や仏花の印象が強いが、ヨーロッパでは皮膚トラブルなどの薬用や、サラダなどの食用花、高価なサフランの代用として古くから利用されてきた。

地中海沿岸地域のように、温暖で海に近い丘陵地が栽培の適地とされ、国内では千葉県南房総と淡路島が主な産地となっている。淡路島では１９３２年（昭和７）ごろから、島内でも特に温暖な北東部の釜口地区や佐野地区といった沿岸丘陵地で盛んに栽培されるようになった。開花の最盛期を迎える3月から5月ごろにかけて、露地栽培の花畑は早春の風物詩となっている。まだ寒い12月ごろから鮮やかな花を咲かせ、花持ちがよく丈夫なことから、日本では仏花として用いられることが多く、春のお彼岸が出荷のピークである。

ただ、近年は生産者の高齢化が進み、キンセンカ畑は年々減少しており、地域の景色はずいぶんと変化してきている。昨年まで一面のオレンジ色の花畑だった場所が、今年は高値で取引される淡路島ブランドのタマネギ畑になっている（太陽光パネルが設置されていることも）、なんてことが毎年のように見られる。高齢化だけでなく、切り花の出荷額の低さや、露地野菜のような需給の不安定さもその一因だという。

無農薬・食用キンセンカへの転換　～一軒の農家の取り組み～

釜口地区で50年以上にわたって観賞用切り花のキンセンカを栽培してきた廣田農園も、出荷用のキンセンカの栽培をやめることに決めた農家の一軒である。市場への出荷をやめることにしたときに、妻の廣田《ひろた》久美《ひさみ》さんは、土壌の消毒や農薬散布をせずにキンセンカを育ててみたいと夫に宣言し、畑の一部で栽培を試みることにした。この小さな試みから、キンセンカは観賞用切り花とはまた違った魅力を発揮し、さまざまな人を呼び寄せるようになる。実にたくましい花なのである。

観賞用の切り花は、食べるものではないので安全性は食品ほど厳しくなく、生産性や見た目を重視した農薬を使っての栽培が一般的だ。農薬を使わないことで、病害虫の駆除などの手間が増えることになるが、農薬を使っていても日常的な手入れは行っていたため、身体的・精神的に負担が大きい農薬散布の手間が省けるほうが、久美さんとしてはメリットが大きかったという。実際に農薬を使わずに栽培してみると、は

大輪の八重が特徴のキンセンカ「むらじ」

廣田農園が栽培し、商品化している淡路島カレンデュラのハーブティー

じめは苗が大きくならず心配したが、春先になってからは順調に成長し、これまで摘み取りの手が真っ黒になるほどのアクが少なくなったそうだ。

　また、久美さんはキンセンカの食用利用の先進地である千葉県南房総の視察や、大学の農学部へ成分分析を依頼するなどして、食用としてのキンセンカの価値や可能性を認識するようになった。２０１５年には六次産業化の認定を受け、大輪の八重の花が特徴的な品種「むらじ」をひとつひとつ手摘みし乾燥させたハーブティーの加工を開始。仏花を連想させるキンセンカからカレンデュラに名称を変え、「太陽と潮風のめぐみ・淡路島カレンデュラ」として商品化している。特に、８㎝ほどもある花一輪をまるごとドライにしたハーブティーは、お湯を注ぐとポットの中でまるで生花のような大輪の花を咲かせ、見た目にも美しい。そして、ポットに揺れる大きなオレンジ色の花は、見る人をとても幸せな気分にしてくれる。

仏花から、健康や美しさ、ハッピーへ

　ドライに加工することで、これまで出荷先がなければ廃棄せざるを得なかった花の保存性を確保し、年間を通じて安定した取り扱いができるようになった。また、加工品にして商品化することで、生産者自らが価格を設定することができ、切り花よりも高い価格で販売することが可能になった。

　無農薬のキンセンカ「淡路島カレンデュラ」は口コミで少しずつ広がり、その価値に共感する人たちによって、スキンケア用のオイルやバーム、石鹸、ジェラートや焼き菓子といったスイーツに商品化されている。価値を見いだし、共感するのは、移住者や都市部の人たちだ。この土地で生まれ育った人たちにとっては昔から当たり前に

大阪湾を望む廣田農園のキンセンカ畑

身近にあり、しかも仏花というやや地味なイメージのある花に、これまでとは全く違う「健康」や「美しさ」「ハッピー」といった価値を見いだすのは難しいだろう。この事例はベテラン生産者の技術を活かし、そこに移住者や都市部に住む人々が集まり発信することで、元々あった宝物を新しい価値のあるものへ生まれ変わらせたものである。当初は仏花のイメージから食用に抵抗感が強かった地元でも、飲食店の人気メニューのトッピングに採用され行列ができるなど、地域の魅力を発信する食材として定着してきている。

六次産業化から自然環境型観光資源へ

衰退するキンセンカ栽培を無農薬に転換したことが、当初は思ってもいなかったさまざまな広がりをみせているなかで、久美さんが一番驚いたのは、摘み取り体験に訪れる人が年々増加していることである。しかも、仙台や愛知、鹿児島など遠方からこの場所を目的に訪れ、訪れた人たちは皆一様に笑顔で帰っていき、また次のシーズンに訪ねてくる。海の見える花畑での花摘み体験は、印象的な景色とともにＳＮＳで発信され、「ここでしか手に入らない」モノと体験を求める人々が、日本各地から淡路島を訪れるようになった。

近年は淡路島の海でも海産物資源の減少など問題は深刻だ。操業の機会が減った漁船でエコツアーを行うといった、新たな活用も考えられるかもしれない。

もし実現したら、海の上からキンセンカ色に染まる島を見てみたい。

身近な景観を郷土の景観に

山本　聡

観光名所としての地域景観

全国には、多様な観光名所が存在する。地形地物によって名所となったものから自然の環境が認められたもの、人間の文化的な活動によって名所となったものなど成立も多様である。そのような名所は、地域の独特の景観を形成するとともに地域住民の認識も高く、地域の資源となっている。このような地域資源は、その存在の有無で地域の活性化を左右するともいえる。ここでは、地域資源となり得る郷土の環境のうち、景観に特化してみていきたい。

独立峰のため視認性が高い富士山

郷土の景観としての各地の富士

日本には、「〇〇富士」の名を冠した山が数多く存在する。郷土富士とも呼ばれるこれらの山は２００以上(1)ともいわれており、地域での呼び名に富士の名がつく山であれば、約３５０(2)もあり、日本各地に存在する。では、その大元となる富士山とはどんな山であろうか。

富士山は、活火山であり、過去に何度も噴火を繰り返して現在の姿が形成された。その形容は噴火による堆積物が重なってできている成層火山である。したがって、山体は広い山裾を有し、形がなだらかな独立峰として存在する。そのため、富士山を視認する場合、広い山裾の手前から山頂まで一目で視認できることが特徴である。これに加えて、少し高い場所から全体を俯瞰できる場合、このような景観の視認構造をコンケイブ景観（concave）と呼んでいる(4)。コンケイブ景観は奥行きが感じられることにより広がりや壮大感が、全体把握ができることにより安心感や安定感が感じられる景観といえる。

一方、人間との関係をとらえると、富士山は２０１３年に世界遺産の一部として登録されている。その登録は「富士山—信仰の対象と芸術の源泉」と題し、世界文化遺産としてのものである。その構成資産は富士山だけでなく多くの神社などが挙げられているが、特に三保松原の存在が特徴的である。富士山のような大きな山となると各地から視認できるが、単に見えるということではなく、どんな風に見えるかが重要となる。そういった意味で、三保松原を視認でき、その後方に富士山がそびえる景観を視認できる視点の存在が重要なのである。それでは、各地のご当地富士の例をみてみよう。

北海道にある蝦夷富士（羊蹄山）は、標高１８９８ｍで北海道のなかでは比較的高い山である。また、富士山のように独立峰としての形態も備えており、スキー場で有名なニセコからの景観は前述のコンケイブ景観となるため雄大さに富んだものである。滋賀県にある近江富士（三上山）は、標高こそ４３２ｍ

コンケイブ景観の例（有馬富士）

と低いものの、琵琶湖のそばの近江平野に位置し、湖畔に近いため山体が遠方からでも視認できる。近隣の半島には草津市立の水生植物公園などもあり、そこからの眺望も可能である。兵庫県にある有馬富士（角山）は、こちらも標高374mと低いものの、福島大池というため池のそばに位置しており、対岸の隣接する有馬富士公園からは山体の全容が視認できる。公園名にご当地富士の名称が採用されるほど地域での認知度は高いものとなっている。

このように、ご当地富士はその存在はもとより、その存在を視認することができる視点が、公園などの公共施設といったなんらかの方法で確保されていることがある。このことが景観資源としては重要であり、視点を確保することでその視点が存在する視点場の利用が発生し、活動が活発化すると考えられる。

郷土の景観としての小京都

日本の観光名所として誰もが知っている京都。観光客も非常に多く訪れている。では観光客はどのようなものを目当てに京都を訪れるのであろうか。京都は、寺院や町家など歴史的な建造物が多く、文化的な資源が非常に多い場所である。多くの観光客はそれらを目当てに来訪すると考えられる。しかし、このような景観は京都にのみ存在するのではない。昔ながらの町家の景観や歴史的に有名な寺院などは日本各地に存在する。そのような京都と似た環境にある地

樺細工の茶筒と茶さじ

域では小京都などと銘打って観光客を誘致することを行っている。そのような自治体の連合体として、全国京都会議というものが存在する。

全国京都会議とは、「昭和60年5月、全国に散在する小京都と呼ばれる26市町と京都が参加」して結成された団体で、「京都とゆかりのまちが互いに手を携え、悠久の歴史と豊かな自然に培われた伝統や文化の魅力を広く全国に発信し、それぞれのまちのイメージアップと観光客誘致の相乗効果を図ることを目的」としている(4)。また、全国京都会議への加盟は、次のような条件に一つ以上あてはまることを基準にしている。「①京都に似た自然景観、町並み、たたずまいがある　②京都と歴史的なつながりがある　③伝統的な産業、芸能がある」の3つである。

これらをみると、京都との景観的な類似性だけではなく、地域独自の伝統的な産業や芸能が活用できるといえる。たとえば、小京都のひとつである秋田県の角館では、武家屋敷が残存する点を資源として活用しているが、伝統工芸品としての樺細工も存在する。ヤマザクラの樹皮を用いた茶筒などの工芸品は地域性が垣間見える産業の産物である。兵庫県豊岡市の出石地域では、出石城跡や辰鼓楼といったランドマークとなる歴史資産、町家造りの家などが該当する。ここでは、町家に現在でも人々が生活しており、動態的に保存する形となっている点が特徴といえる。

霞間ヶ渓
（渓谷とサクラ類の調和した景観）

●身近な地域景観

以上、みてきた事例は、日本全国に名前が知れ渡った観光名所になぞらえて地域での名所化をはかろうとするものである。しかし、有名ではない場所であっても、人が住み活動している場所では地域特有の景観を醸し出している事例は多くある。次に春の風物詩であるサクラ類を例にみてみよう。

(1) ヤマザクラの群生

桜というと、奈良県の吉野山をイメージする方も多いであろう。吉野山の桜はヤマザクラが主で昔から信仰の対象として植栽されてきた。このヤマザクラは関西地域では普通にみられる種で、里山と呼ばれるような二次林に自生することが多い。

岐阜県揖斐郡池田町にある霞間ヶ渓の桜林をみてみよう。ここは、渓の景観とサクラ類の景観が一体として国の名勝天然記念物（昭和3年）に指定された。小野は[5]、この名勝の成立には入会山の管理の過程で生まれた桜林に対する地域の村役人の宣伝活動の効果が大きいとしている。ここでいう村役人とは里長と呼ばれるもので、農民の代表と考えられている。したがって、自分たちの身近な地域の良好な景観をみずからが宣伝することで、入会地という人間の生活に根差した空間を地域の景観的な資産としたことになる。

緑パーキングエリアから見たヤマザクラの群生（室津）

淡路島内の桜の群生地

（2）カワヅザクラの育成

静岡県賀茂郡河津町には、この地域で発見されたカワヅザクラというサクラがある。2月頃に開花するピンク色の濃い早咲きの桜である。1972年に発見されて以来、各地にその子孫が配布され、発見から50年弱であるが、春の風物詩として全国的に名が知られてきている。そのため、開花時期には当地を訪れる観光客も多く、貴重な地域資源となっている。それを全国区にしているのは町あるいは地域の観光関連団体の後押しであろう。

（3）身近にある桜の群生

ここで淡路島に目を向けてみると、淡路島内にもヤマザクラが群生する場所が存在する。調査により確認した場所を図に示すが、これらの場所は現在、名所とはなっていない場所がほとんどである。しかし、知る人ぞ知るという形で地域住民には認識されている場所もある。たとえば、淡路島を縦断する高速道路のパーキングエリアでは、春先にそれらのヤマザクラの群生を目の当たりにすることができる。普段、通過するだけではなかなか認識できなかったそれらのヤマザクラの群生も、停車して見るための視点が確保できれば認識されやすくなる。すなわち、ここでも景観を見るための視点の存在が必要なのである。対象となる景観資源だけではなく、対象を見るための視点場の整備まで含めた地域環境の整備が重要と考える。

砂のアート事例（鳥取砂丘砂の美術館）

一方、近年の大阪周辺地域をみると、ヤマザクラの群生は二次林に多数みられる。ここでは、ヤマザクラ以外の樹種の樹齢が20〜40年であるのに対してヤマザクラの樹齢は40年以上のものが多く、選択的に残されてきた可能性がうかがえる(6)。すなわち、ヤマザクラといった景観資源を保全するためには自然のままではなく、人為的に適切な管理を行うことが必要と言える。

持続可能な景観資源のあり方

これまで述べてきたように、地域における景観資源はその存在を認識できる視点場の存在やその強化が重要である。視点場の創出は、景観資源そのものの創出よりも比較的容易に景観の資源化ができると考える。また、景観資源そのものの人為的な保全も必要であるが、その労力を減じる努力も必要である。それらを行うことで景観資源の持続的な保全が可能といえる。

最後に、一見、資源として捉えられないものも実は資源となりうることを示したい。

鳥取砂丘は多くの人が訪れる場所である。砂丘を構成する砂は、農業などには厄介であり、防砂林などにより人間の生活空間への侵入を防ぐ措置がなされてきた。しかし、近年、砂を逆手にとって、砂のアートなどを創作し、観光資源化することが行われている。また、別の事例として、雪が挙げられる。立山の黒部アルペンルートは、豪雪地帯であり道路なども積雪量が多く、春季まで通行できない状態である。春季には道路部分を除雪し、バスなどが通行できるようになるが、バスは巨大な雪の壁の間を通行することになる。その雪壁の道路景観が観光資源として活用されているのである。

　このように、普段は人間生活に悪い影響を与えるものであっても、発想の転換により有用な資源としてとらえることができ、郷土の特徴を表すことにもつながる。環境への負荷を減少させ、持続可能な景観資源として、これからの地域資源の在り方の一つのモデルとなるのではないだろうか。

【注】

（１）吉野晴朗（2000）「ふるさとの富士２５０山をゆく」毎日新聞社、pp.253

（２）静岡県 HP https://www.pref.shizuoka.jp/bunka/bk-223/fujisannohi/furusatofuji2017.html（2019.7.29 参照）

（３）樋口忠彦（1975）「景観の構造」技法堂出版、pp.168

（４）全国京都会議パンフレット 2017（2017）全国京都会議、pp.28

（５）小野佐和子（1987）「美濃池田の霞間ヶ谷桜林とその名所化」造園雑誌 51（5）、pp.7-12

（６）山本聡・高橋理喜男（1991）「里山におけるヤマザクラ群生地の成立過程について」造園雑誌 54（5）、pp.173-178

淡路市摩耶山から大阪湾をのぞむ景色

いきがいにつながる地域創生

沈　悦・光成麻美

世界で共有されはじめているＳＤＧｓは、地球に住む誰しもが自分ごととしてとらえて達成すべき目標である。全国で広く、そして少しでも早く、ＳＤＧｓを実現していくためには、政府や各自治体が実現のための具体施策を立案することはもちろん、人口減少、少子高齢化が進む淡路島のような中山間地域においては、自然・歴史文化資源を守るための活動を続けている企業や学校、団体、個人がつながり、それぞれが行っている小さな一歩を未来につなげる取り組みとして、さらに大きく実践していくことが有効であると考える。淡路島にある緑環境・景観分野の専門職大学院として、地域の資源を再構築しながら、地域を経営できる人材の育成をすることと、各地域が取り組んでいる活動に、学生と教員が協働しながら持続可能な地域になるための方法を模索し、実践していくことが大きな役目ではないだろうか。地域創生や活性化に参画する学生たちにとっては、少子高齢化などの問題に直面している地域へ介入することによって、自分たちのふるさとの未来について再考するきっかけになるだろう。そのためにはまず、津々浦々から淡路島に集まった学生たちにむけて、淡路島のこと、そして各地域の文化的背景などについて知ってもらうことが第一歩である

協議会メンバーと学生による意見交換の様子。摩耶山展望台のリニューアルにむけて、学生が提案中

と考え、地域とともに課題を共有し、課題解決にむけた取り組みを実践していく授業に力をいれている。

●地域活性化に取り組む町内会との連携　～淡路市摩耶地区～

急峻な山地が多い地域では、人口減少、少子高齢化の影響により、耕作放棄地の増加や、生業の減少または消滅が危ぶまれている。それは、淡路市摩耶地区も同様であり、現在この地区には18世帯約50人が暮らしている。摩耶地区は摩耶山と鷲峰寺を中心とした山間の集落で、古来より、蚕産、ごぼうなどの自家野菜の生産を生業としていた方が多くいたが、現在では、自家野菜や切花栽培を行う農家が3戸のみとなっている。また、摩耶山の頂上からは大阪湾が一望できるほか、朝陽と夕陽を堪能できるなど貴重な眺望資源を有しているが、限られた人数での樹林管理など、景観を維持するためには大変な部分も多い。

集落内の高齢化が進む状況をみて地域の存続を危惧した町内会は、摩耶地区の魅力や、そこで暮らす人々の営みについて知ってもらうため、２０１２年度に「淡路島摩耶地域づくり協議会」を立ち上げ、この地域のポテンシャルや山間の自然の恵みを生かした地域づくりに取り組みはじめた。そのための第一歩として、摩耶山頂からの眺望のよさを知ってもらうため、展望台の整備を行っていたが、労働力やアイデアの不足が課題としてあった。そのような状況をみ

学生と地域の方が一緒になって展望台の整備を行った

ていた地域連携に携わる県の担当者が、摩耶地区と本研究科を結びつけてくれ、協議会メンバーと行政、教員・学生が摩耶地区全体の活性化につながるアイデアなどについて、意見交換をする機会が設けられた。学生たちは、地域のことを何とかしたいという協議会メンバーの強い思いを聞くうちに、授業を通してでないと行くことはなかったかもしれない地域について「知りたい」気持ちから「一緒に楽しいことをしたい」「力になりたい」気持ちへと変化していった。そして、地域の方々と現状の課題を共有し、お互いに直面している問題に向きあうようになった。摩耶地区が今後どうなっていくことが望ましいのか、何を生かせば来訪者が増えるのかなどについて話しあった結果、地域の人たちと来訪者がつどい、摩耶地区について知ることができる場所とするため、展望台周辺をリニューアルすることにした。リニューアルプランには学生たちの新しい視点が加わり、最終的には「お茶を飲みながらリラックスして景色を楽しめる」ひじ掛けのある展望台などが採用されることになった。これらのデザインは学生が考案し、施工は地域の大工職人さんなどと協働で行った。学生たちにとっては、大工仕事の内容や古くから使われている大工道具の使い方などについて知る機会にもなっていった。

このように、地域の魅力と課題、集落を維持していくために必要なことを地域の方々と学生が継続的に共有することは難しいが、まずは小さなことでも実

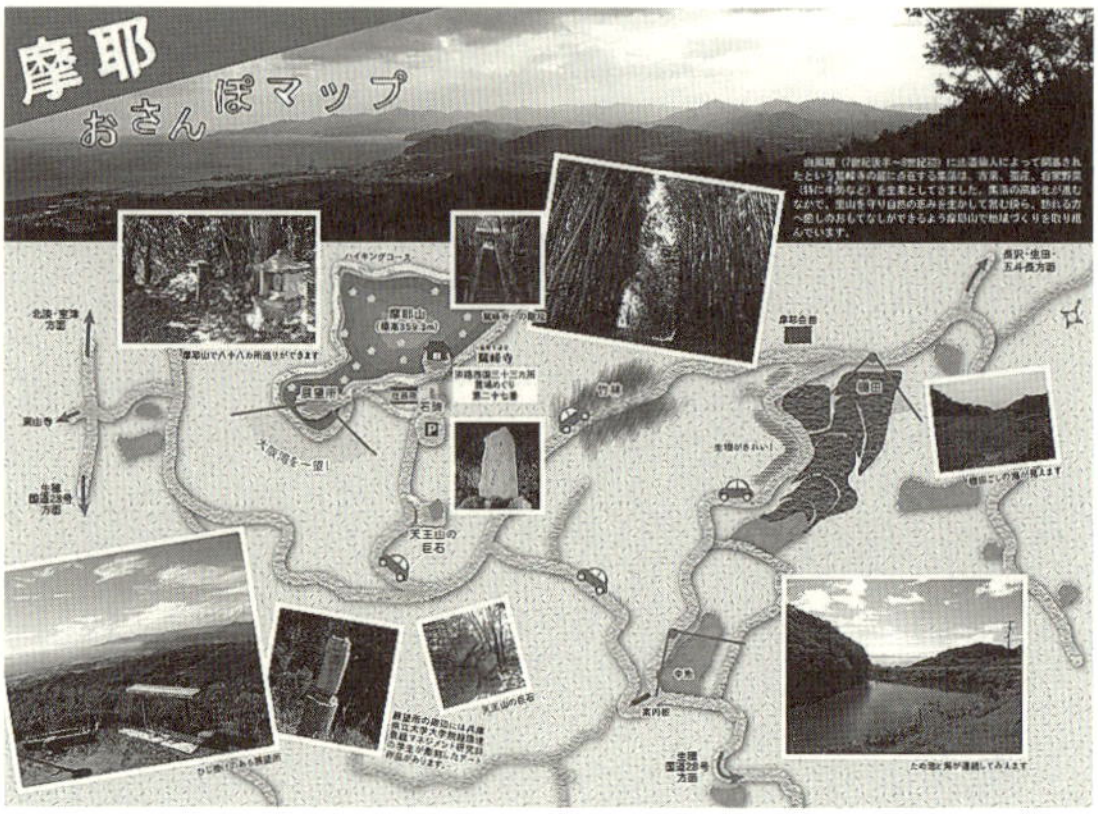

摩耶おさんぽマップ

践していることを、地域や本研究科からＰＲし、摩耶地区に来訪するきっかけをつくることが必要である。その一環として、摩耶地区の魅力ある資源を巡りやすくするための「摩耶おさんぽマップ」を作成したり、地元のガイドさんが摩耶地区を案内してくれる里山ハイキングなどを企画している。このほか、新年の御来光を見に来られる方々にむけておもてなしを行ったり、淡路島の５〜６地域が連携して行っている「淡路島竹灯籠」にも参画し、放置竹林の伐採と竹の利活用を行い、地域の活性化にも一役買っている。

地域に関わった学生たちが、そのまま定住して地域を持続する側になることは難しいかもしれないが、おもてなしのある魅力的な集落であることを、それぞれがＳＮＳなどで拡散したり、摩耶地区の自家野菜をどこでも購入できるシステムや場所[1]があれば、摩耶地区ファンによるエールを地域の方々が受け取れ、地域を活性化し続けるためのやる気やいきがいを保つための手助けができるのではないかと考える。

淡路島は、島であることに加え、自動車でも容易には入れない山間部を多く含むため、沿岸部より上部のエリアについては開発がされにくく、日本中で失われつつあるかつての暮らしや、生活・生業があることで成り立っていた自然資源や景観資源が残存している地域がまだある。これらの地域をすべて残していくことは難しいかもしれないが、今まで持続できていた理由などについて再

ひじ掛け付きテーブルのある展望スペース

考し、その考え方を後世に残し、別のかたちで生かしていくことはできる。そして、その考え方は語り継がれなければ存在しなかったものとなってしまう。各地域でSDGsを達成していくためには、地域と行政、各地域で活躍する学生たちだけが課題を共有するだけではなく、将来地域の担い手となるかもしれない子どもたちや、移住を検討するタイミングにある都市部での生活者にむけて、淡路島での生活のよさや新たないきがい、価値観について知ってもらうための取り組みがもっと必要なのかもしれない。

【注】

（1）摩耶地区の自家野菜は、神戸元町商店街にある兵庫県内の農産物を販売するアンテナショップ「元町マルシェ」で購入することができる。摩耶ごぼう、大根、各種季節野菜などが販売されている。

自然光を多く取り入れた教室での体験学習（シカゴ植物園のラーニングセンター）

column

持続可能なデザインと環境評価システム

嶽山洋志

２０１７年のASLA PROFESSIONAL AWARDS受賞作品の中にシカゴ植物園のラーニングキャンパスがある。多感覚な経験を得ることができる起伏に富んだ地形や植栽、園芸教室やデザイン演習、料理教室やヨガ体験などの緑と健康に関する多様なプログラム、雨水管理を学ぶレインガーデンなどといった要素を有していることが特徴だ。特に環境学習や健康活動が展開されているラーニングセンターは、建物自体も環境学習の教材として機能しており、例えば建物内の光環境の実に90％が自然光を採用していたり、建築資材の95％がリサイクル可能であったり、ランドスケープも地域に自生する植物種を用いてデザインがなされていたりする。デザインからマネジメントに至るさまざまなタームでサスティナビリティが追及されていることがわかる。

同様に、サンフランシスコのゴールデンゲートパーク内にあるカリフォルニア科学アカデミー（熱帯植物園、水族館、博物館が一体となった科学館）の建物もサスティナビリティな要素を持つ。具体的には屋上緑化のほぼ１００％と周辺環境の80％が自生植物で構成されていること、屋上に降り注いだ余分な雨水の１００％は地下に排水、浸透し、市内の雨水システムに負荷をかけないこと、CO_2センサーや気流観測などのモニタリング装置

屋上の天窓は太陽光を植物園に届ける一方、室内温度が上昇すると自動的に開いて換気される（カリフォルニア科学アカデミー）

を備えていることなどが挙げられる。材料の選択、リサイクルのあり方、自然光に対する空間の配置、自然換気、水使用の節約、雨水の回収や利用、エネルギー生産。これらの持続可能性に資する建築設計上の課題に対して、自然環境をテーマにした学習施設がモデル的に取り組むことは日本でも非常に重要なことのように思う。

ところで、これらの施設はともに「LEED®（Leadership in Energy & Environmental Design）」と呼ばれる環境性能評価のプラチナ認証を得ている。LEED®は「非営利団体USGBCが開発し、GBCIが運用を行っている、ビルト・エンバイロメント（建築や都市の環境）の環境性能評価システム（https://www.gbj.or.jp/leed/about_leed/）」とされ、世界レベルで活用されているものである。評価システムには、Building Design and Construction（建築設計および施工）、Interior Design and Construction（インテリアデザインおよび施工）、Building Operation and Maintenance（建築物の管理運営）、Neighborhood Development（エリア開発）、HOMES（住宅の設計および施工）の5つがあり、それぞれについて水の使用量や再生可能エネルギー設備の配置などの評価項目が設定されている。評価項目はポイント制で必須項目と選択項目の合計で4段階の認証（標準、シルバー、ゴールド、プラチナ）が付与される。先のカリフォルニア科学アカデミーは2008年と2011年に2度、プラチナ認証を得ている。

LEED®とSITES®のダブルプラチナ認定を受けた深大寺ガーデン。アーバンファームやレインガーデンなどを有している

環境認証「SITES®」について

同様に、ランドスケープ分野にも環境性能を評価するシステムが存在する。「SITES®」である。SITES®（Sustainable SITES Initiative）は米国の登録ランドスケープアーキテクト協会（ASLA）らが中心となって設計したシステムで、後に示す表の項目について評価がなされ、LEED®と同様に4段階の認証が付与される。2015年から世界を対象に審査・認証が可能になり、日本でも深大寺ガーデンなどで取得事例が見られる。

本システムで興味深いのは、評価項目の中で「健康とウェルビーイング」や「教育」、さらには小項目の「地域経済への貢献」など、主に運営段階における取り組みが非常に多様であることが挙げられる。サスティナブルなランドスケープとするためにマネジメントのあり方を計画・設計段階から検討することが大事であることがわかる。また「健康とウェルビーイング」が10項目中3番目に配点が高いことも特徴で、具体的には「精神的回復・身体的活動、社会的つながり」の支援や「地域の文化的・歴史的な要素を保全・維持すること」、「食料生産の場（例えばコミュニティガーデンなど）を有すること」など、地域らしさやコミュニティの強化といった社会的な健康にまで言及している。人間の幸福にランドスケープは大いに貢献できることが（また貢献する必要があることが）、このシートから読み取ることができる。

サスティナブルなランドスケープデザインに向けて

２０１９年の６月にＳＩＴＥＳ®評価員の田口真弘氏（株式会社グリーン・ワイズ）を招いて本評価システムの勉強会を開催した。その中で、「今後、ランドスケープの計画設計、施工、マネジメントに取り組む際に、認証を受ける、受けないにかかわらず、これらの指標を参考にするだけでも価値がある」との指摘があった。バージョンも２０１９年時点で、ＬＥＥＤ®はｖ４・１、ＳＩＴＥＳ®はｖ２と、時代に合わせて変化していることがわかる。デザイン教育の現場でも持続可能なデザインを考える際に考慮すべき１つの視点として取り入れることが重要であるように思う（以降に関連するＵＲＬを記載するので、ぜひ目を通してもらってデザインやマネジメントに活かしていただきたい）。

ＬＥＥＤ®およびＳＩＴＥＳ®関連サイト

・https://new.usgbc.org/leed（U.S. Green Building Council）
・https://www.gbci.org/（Green Business Certification Inc.）
・https://www.asla.org/sites/（American Society of Landscape Architects）
・https://www.gbj.or.jp/leed/（Green Building Japan）
・https://woonerf.jp/about_leed/（Woonerf Inc.）

SITES® V2の評価項目の概要（著者訳）

◆ 敷地のコンテキスト -Site Context-

◇概要：農地、氾濫原、湿地、野生生物の生息地など、独自性や貴重性を有し、繊細あるいは脅威にさらされている自然のコンテキストを踏まえた計画とすること

○評価項目：農地開発の制限、氾濫原の機能の保護、水生生態系の保全、絶滅危惧種の生息地保全、悪化した敷地の再開発、既存の開発地域内におけるプロジェクト、マルチモーダル輸送ネットワークとの接続

◆プレデザイン「アセスメントとプランニング」-Pre-Design Assessment + Planning-

◇概要：デザインが始まる前に、統括デザインチームは、計画設計に有用な既存の物理的条件、生物学的条件、および文化的条件について、総合的な現場評価を実施すること

○評価項目：統合設計プロセスの使用、設計前の敷地のアセスメントの実施、植生と土壌の保全領域の指定と伝達、ユーザーとステークホルダーの関与

◆ 敷地のデザイン「水」- Site Design-Water-

◇概要：水を節約し、雨水を最大限に活用し、水質を保全するように設計されたプロジェクトとすること

○評価項目：敷地での降水量の管理、修景用水の使用量の削減、基準値を超える降水量の管理、屋外での水の使用量の削減、アメニティとしての雨水機能の設計、水生生態系の復元

◆ 敷地のデザイン「土壌と植生」-Site Design-Soil + Vegetation-

◇概要：設計および施工の優先事項として適切な土壌管理を行うこと

○評価項目：土壌管理計画の作成と伝達、外来植物の制御と管理、適切な植物の使用、健康な土壌と適切な植生の保全、特別な状態にある植生の保全、在来植物の保全と活用、在来植物群落の保全と復元、バイオマスの高度利用、都市のヒートアイランドの削減、建物のエネルギー消費量を最小限に抑えるための植生利用、壊滅的な山火事のリスク低減

◆ 敷地のデザイン「材料の選択」-Site Design-Materials Selection-

◇概要：敷地における生態系サービスを高めたりサポートしたりすべく、またそのライフサイクルを通してその材料が存在する場所にも影響を与えるべく、適切な材料を選択し利用すること

○評価項目：絶滅の可能性のある樹種の使用の排除、現場の建造物や舗装の維持、再利用のための設計、再利用された材料と植物の使用、リサイクル材の使用、地域の材料の使用、原材料の責任ある採集・採掘の支援、材料の透明性とそれに含まれる化学物質の安全性の支援、サスティナブルな材料製造に対する支援、サスティナブルな植物生産の支援

◆ 敷地のデザイン「健康とウェルビーイング」-Site Design-Human Health + Well-Being-

◇概要：身体的活動や、修復的および審美的な経験、そして社会的交流のための機会を屋外で促進する。その目的は、より強いコミュニティを築くこと、環境への責任感を創出または更新することにある

○評価項目：文化的および歴史的な場の保全および維持、敷地への最適で安全なアクセスや案内路の提供、公平な敷地利用の促進、精神的回復の支援、身体的活動の支援、社会的つながりの支援、食糧生産の場の提供、光害の削減、低燃費およびマルチモーダルな輸送の奨励、たばこの煙との接触を最小限に抑えること、地域経済の支援

◆ 建設 -Construction-

◇概要：低排出装置による大気質の保全、ネット・ゼロの廃棄物処分場の確保、土壌修復戦略による健全な植生の確保、および汚染された流出水や堆積水からの保全を目指すこと

○評価項目：サスティナブルな建設、建設汚染物質の制御と保持、建設中に崩壊した土壌の復元、以前の開発で崩壊した土壌の復元、建設や解体から出た廃棄物の転用、植生、岩石、土壌の再利用、建設中の大気質の保全

◆ 管理運営 -Operations + Maintenance-

◇概要：生態系サービスを提供する上での敷地の長期的な可能性を最大限に引き出すメンテナンス戦略を推進すること

○評価項目：サスティナブルな敷地のメンテナンス計画の策定、リサイクル可能な資材の保管と回収、有機物のリサイクル、農薬と化学肥料の使用最小化、屋外エネルギー消費の削減、再生可能エネルギー源の使用、メンテナンス中の空気質の保全

◆ 教育と成果のモニタリング -Education + Performance Monitoring-

◇概要：敷地の設計、建設、およびメンテナンスの各段階で定めたプロジェクトの目標とサスティナブルな事業について、一般の人々に情報を提供し、教育のための努力をすること

○評価項目：サスティナブルな気づきと教育の促進、ケーススタディの開発と伝達、敷地の成果報告とモニタリング計画

◆ イノベーションもしくは模範となる成果 -Innovation or Exemplary Performance-

◇概要：前提条件と信用要件を満たす創造性とイノベーションに取り組むこと

○評価項目：イノベーションもしくは模範となる成果

対談

観光プロデューサーと生態学者が考える、これからの地域の在り方

古田菜穂子 × 澤田佳宏

5月のある日、澤田は調査地の1つである淡路市石田の棚田に古田を案内した。石田の棚田は、海岸付近から標高約80mの丘にかけて広がる耕作地帯で、昔ながらの小さな水田が幾重にも連なり、等高線に沿った畦が見事な曲線美を描いている。丘の頂には、「埋め墓」「捨て墓」などと呼ばれる共同埋葬地があり、そのあたりから見下ろす棚田と播磨灘の風景は格別である。棚田の畦は、お百姓さんが草刈りを繰り返すことで良好な半自然草原として維持されており、近年各地で減少しつつあるカワラナデシコやミヤコグサなどの草原生植物の生育地となっている。文化的景観としても農村特有の生態系としても魅力を放っているが、実はこのような景観や生態系は、淡路島内各地の農村地帯ではわりと普遍的にみられた「ふつうにいいもの」でもある。

この対談では、地域の資源を国内外に通用する観光資源として磨き上げている古田と、地域の良好な生態系の保全について模索している澤田が、地域資源を守りながら観光資源とするためのプロセスや、持続可能な地域にしていくために必要なことについて、それぞれの思いを語った。

石田の棚田

SDGsは地域を元気にする政策

古田　「観光」という言葉は、光を観るという文字のとおり、地域の光を見つけてみよう、自らが光になろうなど、いろんな解釈ができることに可能性があると思っています。外の人の視点を入れて、いろんな切り口からアプローチして、素晴らしいといってもらえ、地域に何らかの還元をすることが観光です。最近では、世界レベルでのSDGsの実践がいわれはじめ、SDGsを観光の観点から実践する取り組みの重要性もまた、世界共通の概念となっています。UNWTO（国連世界観光機関）が策定した「SDGsのための観光のプラットフォーム」に示されているのは、いうなれば「地域（地方）を元気にする政策」にほぼ等しいと考えています。例えば「地域の文化や産品を活かす持続可能な観光をしよう」と伝えることは、地域にしかない自然景観や環境、歴史、伝統、文化などの観光資源を尊重することと重ねられます。つまり、今、地域で私たちが実践している小さな取り組みが、世界をよりよくするための活動にも繋がっているということです。これを伝えることでワクワクする仕掛けができる。高齢者だけではなく、若者たちに対しても、地域で行動を起こすことは、世界共通の未来志向の行動指針であることを伝えるために、SDGsという目標指針はわかりやすいし、日本人が日本人としての良さを取り戻すのにすごくいい機会だと思っています。

「ふつうのもの」でも「そこにしかない物語」は紡げる

澤田　独自性が高い地域資源は〝希少なもの〟として観光資源化して人を集めたり、生態系や景観を守るきっかけとすることが可能ですが、各地に普遍的にあるような文化・自然は、それ自体の価値が見過ごされやすく、気がつけばどんどんなくなっていきます。たとえば淡路島では、今日見た石田の棚田に代表されるような農村景観が減りつつありますが、このような農村景観は、メダカやイシガメなどの水辺の生き物やカワラナデシコのような草原の生き物の大切な生息場所となっています。僕はこれらの「淡路島のあちこちに普通にいる生き物」をどうやって残せるかをよく考えています。トキやコウノトリは、もともとは農村生態系の普通種だったのに希少価値の高いものになっていきました。淡路島の農村の生き物には、トキやコウノトリのようにはなってほしくありません。そういうわけで「独自価値や希少価値は小さい、でもちょっといい生き物があちこちに普通にいる状態」を残していきたいと思っています。だけど、そうした「普通にいいもの」があちこちにいると、希少性に乏しく、その価値を伝えづらい。そこで今日は、あちこちにある「普通にいいもの」に価値を付けていく手法や、それらの資源価値を打ち出していく際にターゲットとなる層などについて、古田さんからお聞きしたいです。

古田　人間が守ってきたもの、守らざるを得なかったもの、共存してきたものには必然があり、そこに普遍性が生まれます。それがいつの間にか「普通」となり、当たり前になってしまうと、その「もの」が存在している意味や必要性を考えづらくなってしまいます。でも、実は、この世界に同じ場所や、同じコンテンツはひとつもないですよね。「山」はあちこちにあるけど、淡路島の◎◎の山は、そこにしかない。「ふつうのもの」は、実はここにしかない「場所」との掛け算により、そこにしかない時間軸を孕んだ「物語」として価値が生まれます。固有な人や場所と紐づけて、意味や意義を言葉にできたら、独自の、そこにしかない宝ものになると思います。

今日の「何でもない」棚田の風景も、澤田先生にガイドをしてもらうことで特別な観光体験になります。そこにある自然資源は独自性の低いものなのかもしれないけど、個人の体験のなかでは希少で貴重な体験になります。人間は感性の存在なので、観光で来ている以上は、そこで何かを発見したい、体験したいという気持ちがあるので、出会いを彩ることができます。それはガイドをする人の言葉が本物だからこそ感動するのであって、そういったケースをどれだけ作れるかが大切だと思います。淡路島くらいの大きさならその演出がしやすいと思います。観光資源がたくさんありすぎると逆に伝えづらくなる場合もあります。

●今そこにあるものが存在している理由について考える

古田　独自性がないものは世の中には存在しないと私は考えていますし、実際のところ、独自性が高いか低いかどうかは人間が価値付けしているものなので、そのものを残したい、価値を付けたいと思う人がどういった目線で価値付けをしているのかが重要です。その「もの」が美しいから残したいと思う人もいれば、かわいいから、楽しいから、将来の生態系を考慮してとか、それぞれの立ち位置があっていい。だけど、その立ち位置を明確にしないと結果、そのものは残らなくなってしまいます。ここで今も残っているもの、そしてなくなったものについて、なぜそうなったのかを考えることが大事だと思います。観光の観点からいうと、実際に地域の宝ものとして認定する場合は、個人の趣味だけではないか、他者を継続して受け入れることが可能か、そのものを残すことに意味と意義があるか、それを努力して残そうとしている人がいるかなどの条件をもとに認定しています。

●地域の資源を守る担い手のやる気を刺激する

澤田　棚田の景観をそこにいる生き物とともに残していくためには、今のところ地域のお百姓さんがその担い手になっています。その意味では、地域の人たちに、その環境の大切さを認識してもらうことが必要だと思っています。

古田　そうですね。各地域に今残っているものをまずはしっかり救済していかないと、日本の誇れるものがどんどん減っていくのではないかと思います。

澤田　〝地域らしさ〟を残すためには、その地域の環境のなかで育まれてきた文化を残すことと同じように、地域の生物相を残していくことが大事だという確信はありますが、その大事さを地域の人や、その地域を見てくれている外の人たちと共有することが一番難しい。

古田　そのためには、システムをつくらないといけないと思っています。日本人の気質からいうと、外の人が決めたものに価値を見出しやすいので、「岐阜の宝ものプロジェクト」の選定のときは、地域のしがらみで判断されないように認定委員を全員岐阜県外の人にしました。

澤田　古田さんの講演を聞いた時にそういった戦略に感動しました。どうやってそんなんを思いつくのかと。

古田　地域の人たちがお互いに一番を決めることは難しいですが、偏見と忖度のない外の人にはできる。そして、宝ものを選定するだけでは意味がなくて、認定自体の意味と意義を伝えて、認定されることにより、実際に「地域が動く」システムをつくり、外から人が見に来てくれるということを示していく必要があると感じています。例えば、岐阜県の種蔵《たねくら》という集落には、すごくきれいな棚田景観が残っていて、岐阜県の「じまんの原石」に選ばれています。最初、地元の人たちは、外から人が来ると洗濯物も干せなくて迷惑だと思っていたようですが、「じまんの原石」に選ばれてから棚田の写真を撮りたいという人たちがたくさん来るようになりました。そして、その方々が「ここは本当にきれいなところですね」と褒めてくれるたび、地域の人たちはだんだん気分が良くなってきて、地元のおばあちゃんたちも、例えば赤いバンダナを巻くなど、良い意味で外の目線も意識して農作業をするようになっていったんです。来訪者のマナーが良ければ、受け入れる側も「自分たちや自分のふるさとが褒められている」と、やる気につながり地域の人もその価値に気がつくという変化が実際に感じられました。同じように地歌舞伎も大きく変わっていったもののひとつです。最初は戸惑いもありますが、人が来ることはいいことだと思ってくれるようになる。当事者がその気になってくれないと残せるものも残せない。今日見た棚田も、あの方（この日訪れた石田地区のお百姓さん）が田んぼをやらなくなってしまったらあの風景はなくなる。いま、やっていらっしゃることが素晴らしいことだと、まずはご本人に伝えて、続けようと思っていただけるように促し、それを手伝いたいという若い人が出てくるようになれば、自分たちは素晴らしいものを守ってきたのだと実感できる。そういうことが実現できる仕組みをつくることが急務だと思います。私は、地域の人たちにいまある風景を残したいと思ってもらうために、インバウンドで来られる方々がこういった風景をどれだけ素晴らしいと思っているかについて、多少大げさでも伝えるようにしています。そうすることで地域の人たちがいつも見ている風景の良さや価値に気づいてもらえる。今頑張らないと、日本の原風景はあっという間に変わってしまいます。

澤田　そう思います。そしてその際、「すごくいいところ（独自性の高い特別によいところ）」だけではなく「そこそこいいところ（普通にいいところ）」をできるだけ多く残していきたい。生き物の保全を考えると「普通にいいもの」があちこちに残っていて希少価値が出てこない状態は理想です。

「じまんの原石」に選ばれた種蔵（写真提供：岐阜県）

新たな担い手を増やすためには

古田　循環型のシステムがあちこちにあることが本来の日本の良さだったわけですし、そこで日本のさまざまな伝統文化が育まれてきたんだと思います。

澤田　そうですね。僕は今、中山間の農村で循環型のシステムを取りいれた暮らしをしていますが、実際やってみると、そういう生活は暮らしやすいです。

古田　絶対そうですよね。

澤田　もっと多くの人がこういった農村環境で暮らせばいいのにとは思います。また、そういうところに住みたいと思う人は割といるようです。ただ、農村には空き家はたくさんあるけど借りたり買ったりできる物件として出てこないのがネックになっています。空き家がもっと動くようになるといいと思います。

古田　現在の家の持ち主は、自分の代で終わらせていいと思っている方が多いでしょうし、このような風景がなくなることへの危機感がない場合も多いと思います。戦争で生き残り、苦労して日本を復興させてきた世代の方々は本当にすごいですが、豊かさに対する感性が私たちとは違う部分もある。苦しいことを経験されているからこそ、便利なほうがいいと思う人も多いでしょうし、国の動きに対して従順な人が多い気がします。抗えないものがある時代を生きてきた方々に、あなたの孫、ひ孫、それ以後の代のことまで考えて、いまこそ諦めないで、残してほしいと伝えていかないと思います。そのためには、我々世代やもっと若い世代が、おじいちゃん、おばあちゃんへのリスペクトを自分たちの行動で示すしかないと思います。

自らが担い手となる！

澤田　僕が淡路島の農村に移住した理由はまさにそれです。今まで学生たちと農村でさまざまな研究を行い、大切な生き物が地域の農地生態系にたくさんいることがわかってきました。それで、放置ため池や休耕田を地域の生き物の保全の場として活用することを提言したりするのですが、言いっぱなしでこれでは無責任だなと思っていたんです。自ら農村のシステムの担い手にならないと見えないこともあるだろうし、有効な提言もできないと考え、農村に住むことにしました。里山林や農地の管理はたいへんだと思われがちですが、昔に比べて今は便利な道具がたくさんあるので、勤めながら休日だけでできることがたくさんあります。かつてはたいへんだった里山林の維持も、今はチェーンソーで伐採ができる。そうか。僕は担い手として農村に移住し、してみたら想像以上に楽しくなってきたのだから、ここでの暮らしの面白さや、この作業によって生き物や生態系が守られるということを、都市に住んでいる担い手予備軍の人に示していく必要があるのかもしれませんね。

古田　田舎では、明らかに人手は足りませんし、担い手がそこからは生まれてこないので、外から担い手が入ってこないといけない。あとは空き家に対する政策が流動的になればブレイクスルーがあるかもしれませんね。

これからの世代に伝えるべきこと

古田　担い手を確保することと同時に暮らしのなかの幸福の価値観を伝えることもしていかないといけないと思います。通帳にお金がたくさんあることが幸福なのか、物々交換をする暮らしとか、自分なりの豊かさとは何なのかなど、人生の捉え方を伝えることも大事だと思う。若い人たちは社会との関わりのなかで、自分の生き方が社会へも影響を与えるということに対して実感が薄くなっているのかもしれませんね。ホリスティックにみんなが繋がっているからこそ、ここに生き物がいて、それらをなくさないために必要なことは何かという発想になるよう、授業などで伝えてもらいたいです。

澤田　どうやってこの自然環境が成り立っているか、それを維持するためにはどういった管理が必要なのかという話は、大学院の授業などで行っています。

古田　その考え方に観光マネジメントという視点が加わると、その環境の魅力を世界中の人たちにどのように発信すればよいのかなどを考える機会にもなるので、閉ざされた世界から視野が広がる気がするんですよね。言葉は大切なので、どういう言葉で説明すべきなのか、共通語をどうするかなどを考えることは重要です。世界の人たちは多種多様なので、みんなで共有できるものは多くはないんです。共通の言葉を発見できると一気に世界中に広まる可能性もあるかもしれない。すべての人に伝えようと思わず、少なくともある文化の人たちには伝わるかもとか、ＳＤＧｓで言うと、その思いに賛同している国の人たちを入口にするといいよねとか。入口と出口を取捨選択することで伝わりやすくなると思います。

将来の担い手ともなる子どもたちへの教育

澤田　淡路島で「普通にいいもの」をたくさん残そうと思うと、インバウンドのお客さんもですが、都市部の子どもたちにも来てほしいです。

古田　大人の言葉でも伝わる子には伝わる。インバウンドのお客さんと一緒になって子どもたちに話を聞いてもらってもいいし、子どもだからこそ無条件に受け入れることができる場合もある。海外の人たちと交ざって、子どもたち自身が海外の方の反応を見る機会があるといいと思う。

澤田　たしかに。野生の生き物と子どもは相性がよいので、子ども向けの環境学習プログラムはよくあるけど、そこにインバウンドの人も交ざっている風景はなかなかない。面白そう。

古田　いろいろとチャレンジしてみるしかないですし、子どもたちも親の教育によって考え方が全然違いますから。

澤田　だからこそ小学校で行うプログラムは、家庭のバックグラウンドに関係なく届くという点ですごく重要ですよね。各地にある「普通にいいもの」を小学校が活用していく仕組みは今後の展開としてあり得ると思いました。

古田　感動して何かを発見できる心の柔らかい先生のもとで大きくなってほしいですね。子どもが小さければ小さいときほど先生の存在は重要です。小学校の低学年や、幼稚園の先生の給料を一番高くするべきだと思う。

澤田　もうめっちゃ賛成です。

古田　子どものうちにホリスティックな考えや気持ちをうまくつくれたら、自我が芽生えてきた頃に自分で判断できるなど、その後生きやすくなるんじゃないかと思います。

澤田　今日行ったような淡路島の中山間地域では、小学校がどんどん廃校になっています。

しかし、中山間の農村は子育ての環境として都市では得られない機能があるので、児童が減っていても、山村留学の受け入れなどをしながら、小学校を存続させてほしい、復活させてほしいと思いました。

古田　夏休みとか、淡路島に行きたいと思う都会の子は結構いると思う。受け入れがきちんとしていれば、都会から来てもらった方がいいんじゃないかと思います。世の中はこんなに多様で自由なんだということを子どものうちに経験してほしい。

澤田　じゃあ僕は都会の小学校に環境教育の営業をした方がいいですね。今は淡路島の子どもたちに足元の自然の面白さを伝えたいので、島内の複数の小学校で環境学習に取り組んでいます。その際、必ず小学校のそばでいいものをみせるように心がけています。一方、都会では小学校のそばで良好な自然環境を見せるプログラムは難しいですが、淡路島に連れてきて島の自然を楽しめば、自分たちの街の近くの島にこんなにいいものがあるということは伝えられる。それによって淡路島が都会の子たちが憧れる場所になると面白い。

古田　そう思います。私が通っていた小学校では、学校付近を歩いて探検する「あおぞら」という授業が週に1、2回ありました。大人になって当時の「あおぞら」の学習指導要領を見たら、「子どもたちが何に関心を示すかわからないから、道端の草花にも関心を示せるよ

小学校のすぐ近くで地元の豊かな自然に触れる

うにゆっくり歩きなさい」とか、「子どもたちが立ち止まったらみんなで立ち止まろう」、「長良川には遊びの材料がたくさんあることを教えよう」などと書いてあり、それを見て感動しました。地元が心底好きなのは、きっとこのような教育があったからだと思います。当時の恩師たちに感謝ですよね。そんな教育を受けさせてくれて。だから、私の同級生たちは、岐阜が好きで地元に帰ってくる人が多いのかもしれません。岐阜の人は長良川を心の底から好きなんです。

澤田　古田さんが小学生の時代にそういう授業があったというのは先進的ですね。しかもその授業を受けた人たちが地域経営の担い手として戻ってきているのはすばらしい成果だし、淡路島のような人口の減りつつある地方では参考になると思います。

　初めに述べたように、僕は生態学を学ぶ者として、当たり前の自然が当たり前にある状態を残したいと考えていますが、それだと地域資源としての「希少価値・独自価値」を見出し難いと感じていました。しかし今日お話をするうちに、地方の農村に普遍的にあるものだとしても、都会との対比では独自価値を見いだせるし、また、地域のものを詳しく知ることで場所ごとの独自の魅力を紡ぎだせる可能性も感じられました。古田さんとはもっといろいろと話をしたいこともあるので、また今度、岐阜の山村でお話を伺いたいです。ありがとうございました。

おわりに

「ランドスケープからの地域経営」の第3号として出版の運びとなった「地域と実践するＳＤＧｓ」では、世界におけるＳＤＧｓの潮流や、地域資源を扱う観光分野が担うべき役割や、持続可能な地域資源の活用について概説し、実際に地域とともに取り組んでいる事例を紹介しました。

本研究科では、デザインからマネジメント、自然環境などの地域資源調査にいたるまで地域の持続可能な在り方について考え、地域資源を活用して、地域の方々と来訪者、専門家などをつなぐコーディネーターなどを育成することや、地域それぞれの幸福の価値観について考え、継続的に地域と関わり続けることを目指して、これからも実践的な授業に取り組んで参りたいと思います。

本巻の出版に際して、執筆者の皆様には、短い作業時間のなか、最後までお付き合いいただきましたことを心より御礼申し上げます。また、「淡路島摩耶地域づくり協議会」の皆様、廣田農園の廣田久美様には、長きにわたりご指導をいただきましたことを感謝申し上げます。そして、スケジュールをはじめ難しい状況のなかで出版作業をいただいた神戸新聞総合出版センターの皆さまに深く御礼申し上げます。

（光成麻美・岩崎哲也）

監修

中瀬 勲 兵庫県立淡路景観園芸学校学長、兵庫県立人と自然の博物館館長、兵庫県立大学名誉教授

大阪府立大学大学院農学研究科修士課程修了。同大学助手、講師、助教授、カリフォルニア大学客員研究員などを経て、兵庫県立自然系博物館（仮称）設立準備室、2013 年より現在まで人と自然の博物館長。2018 年より現職。（社）日本造園学会会長、人間・植物関係学会副会長、兵庫県環境審議会委員、兵庫県都市計画地方審議会委員、（財）兵庫県高齢者生きがい創造協会理事、（財）丹波の森協会理事などを歴任するとともに、震災復興のまちづくりや NPO などにかかわる。兵庫県功労者表彰（2006)、日本公園緑地協会北村賞（2012)、日本博物館協会顕彰（2012)、日本造園学会上原敬二賞（2017）など多数受賞。著書にアメリカン・ランドスケープの思想（鹿島出版会）など多数。農学博士。

著者一覧

本保芳明 観光庁参与、国連世界観光機関（UNWTO）駐日事務所代表、首都大学東京客員教授

1949 年生まれ、北海道出身。1974 年運輸省入省（航空局総務課）後、国土交通省大臣官房審議官、国土交通省観光庁長官などを歴任。首都大学東京都市環境学部教授、東京工業大学大学院特任教授などを経て現職。

古田菜穂子 岐阜県観光国際戦略アドバイザー、兵庫県立大学大学院緑環境景観マネジメント研究科特任教授

岐阜市生まれ。大学卒業後、アートによる地域活性化をめざしたイベントのプランニングディレクターとして従事。2009 年岐阜県知事より依頼され、新設された岐阜県・観光交流推進局長に就任。2013 年からは岐阜県・観光交流推進局顧問として海外戦略のエグゼクティブ・アドバイザーを務める傍ら山形県 ASEAN 戦略アドバイザー、公益財団法人岐阜県教育文化財団文化芸術アドバイザーを兼任。2018 年 4 月より現職。

堺野菜穂子 地域協働コーディネーター、兵庫県立淡路景観園芸学校広報担当

神奈川県横浜市出身。一般企業で人事・採用・人材育成担当として勤務ののち、2013 年より淡路島在住。淡路市市民協働センター勤務を経て、地域協働コーディネーターとして活動。2018 年より嘱託員として淡路景観園芸学校の広報業務に携わりながら、淡路地域を研究テーマにする学生への情報提供や活動のサポートを行っている。

山本　聡 兵庫県立淡路景観園芸学校／兵庫県立大学大学院緑環境景観マネジメント研究科教授

大阪府立大学大学院農学研究科修了後、同大学農学部助手、姫路工業大学自然・環境科学研究所助教授を経て、2009 年 4 月より現職。専門は造園学、緑地計画学。都市内および農村部における緑地計画に必要な緑地の存在効果に関して、特に景観面および人間の生理面からのアプローチによる研究を行っている。共著書に、景観園芸入門（ビオシティ）、成熟型ランドスケープの創出（ソフトサイエンス社）など。博士（農学）。

沈　悦 兵庫県立淡路景観園芸学校／兵庫県立大学大学院緑環境景観マネジメント研究科教授

北京林業大学園林学部修了後、北京市園林設計研究院に都市緑地の設計に従事。1992 年に留学で来日、東京大学農学生命科学研究科博士課程修了後、（株）PREC 研究所で首都圏公園緑地の設計に従事した。1999 年から大学教育の分野に入り、2011 年より現職。専門は景観計画学、共著書に、景観園芸入門（ビオシティ）、成熟型ランドスケープの創出（ソフトサイエンス社）など。博士（農学）。

光成麻美 兵庫県立淡路景観園芸学校景観園芸専門員

東京造形大学造形学部美術学科絵画専攻領域卒業後、兵庫県立淡路景観園芸学校専門課程卒業。その後、造園設計事務所勤務を経て現職。前職では公園設計や地域で活躍するグループの立ち上げ、展覧会の展示物の制作などにかかわり、現職では、製図やデザインスキルなどに関する授業を担当するほか、淡路島の福良地区、摩耶地区を中心に活動拠点づくりを行っている。

嶽山洋志 兵庫県立淡路景観園芸学校／兵庫県立大学大学院緑環境景観マネジメント研究科准教授

大阪府立大学大学院農学生命科学研究科博士前期課程修了。兵庫県立人と自然の博物館研究員を経て、2008 年より現職。2018 年度ルイジアナ州立大学客員研究員。主に淡路島の地域創生、兵庫県の公園緑地計画やマネジメントに関わる。こども環境学会論文賞（2006)、日本造園学会奨励賞（2014)。博士（緑地環境科学)。

澤田佳宏 兵庫県立淡路景観園芸学校／兵庫県立大学大学院緑環境景観マネジメント研究科准教授

神戸大学大学院農学研究科修士課程修了後、建設コンサルタント会社に勤務。その後、岐阜大学大学院連合農学研究科博士課程を修了。兵庫県立人と自然の博物館研究員を経て、2007 年から現職。海岸植生や半自然草原の保全や、里の生物と人の関係について研究を行うほか、小学校での環境教育に取り組む。著書に大阪市立自然史博物館ミニガイド「瀬戸内海の海浜植物」（共著）など。博士（農学)。

ランドスケープからの地域経営　編集会議

赤澤宏樹、岩崎哲也（編集責任）、嶽山洋志、
田淵美也子、林まゆみ、光成麻美（編集責任）

ランドスケープからの地域経営《ちいきけいえい》 3

地域《ちいき》と実践《じっせん》するSDGs《エスディージーズ》

～持続可能《じぞくかのう》な地域資源《ちいきしげん》の活用《かつよう》～

2019年10月15日　第1刷発行

監　修　中瀬《なかせ》　勲《いさお》
編　集　光成麻美《みつなりあさみ》・岩崎哲也《いわさきてつや》
企　画　淡路景観園芸学校／
　　　　兵庫県立大学大学院緑環境景観マネジメント研究科
発行者　吉村一男
発行所　神戸新聞総合出版センター
　　　　〒650-0044　神戸市中央区東川崎町 1-5-7
　　　　TEL 078-362-7140　　FAX078-361-7552
　　　　https://kobe-yomitai.jp/
印　刷　株式会社 神戸新聞総合印刷

ISBN978-4-343-01051-3　C0036